陕西人文地理丛书

厚重关中·渭河平原

潘 威 编著

陕西出版资金资助项目

西安地图出版社

图书在版编目（CIP）数据

厚重关中·渭河平原/ 潘威编著．—西安：西安地图出版社，2017.5
ISBN 978-7-5556-0321-4

Ⅰ．①厚…　Ⅱ．①潘…　Ⅲ．①人文地理—关中　Ⅳ．①K924.1

中国版本图书馆 CIP 数据核字（2016）第 288642 号

丛书主编：侯甬坚
著作人及著作方式：潘威　编著
责任编辑：韩小武　李美乐

书　　名　厚重关中·渭河平原

出版发行：西安地图出版社
地址邮编：西安市友谊东路334号　710054
印　　刷：中煤地西安地图制印有限公司
开　　本：700mm×1 000mm　1/16
印　　张：18.5
字　　数：150千字
版　　次：2017年5月第1版　2017年5月第1次印刷
书　　号：ISBN 978-7-5556-0321-4
定　　价：36.00元

前面的话

侯甬坚

这套“陕西人文地理”由《厚重关中·渭河平原》《豪放陕北·黄土高原》《隽秀陕南·秦巴山地》三册组成，也就形成了一个整体，而每一册也是独立成篇的。

关中篇展开的地理基础是渭河平原，也就是前人称颂的八百里秦川。在秦汉时代，这里曾经有过“陆海”“天府之国”的美称。试想一下，前者可否是西来之客，见惯了莽莽山岭，骤入此境，一马平川，顿觉犹如“陆海”；后者可否是东来之人，过了豫西山地，见此境城邑高大，村庄错落，农人繁忙，物产丰饶，恰似一座“天府之国”。

陕北篇凭借的地理条件为黄土高原，这自然是整个中国北方黄土高原的一部分。从渭河平原北上，顺着渭河支流逆行，北去的地势逐渐增高，山原一片沉寂。黄土高原的植被色调随季节而变，春季泛绿，夏季苍翠，秋季红黄相间，冬季凋落不已。高原梁峁的本色固然一成不变，其景观却因作物的长势而出现变化。

陕南篇依赖的地理形势乃秦巴山地，这又是中国山川地貌的一种主要类型。绵长、耸起的秦岭山脊，促成了一座座傲立的山峰，和它的主峰——太白山。山脊两侧的源泉、仙境、寺观、险道、药草……自古就吸引着山外之人神往，而今的隧道、水库、净土、氧吧、关隘……总是在召唤着游客们前来驻足观赏。

如上所述的渭河平原、黄土高原、秦巴山地，就是地理学家最为津津乐道的陕西三大地域单元。——这么不一样的三个自然地理区域，是如何组合到陕西省行政区里的呢？据我们所知，这是祖国漫长历史演进的部分结果。

简单地说，是先有“陕”这个地方，位置在豫西山地的陕县，西周初期的重臣周公、召公“分陕而治”，周公负责的是陕以东地区，召公负责的是陕以西地区，最早开启了以“陕”分区的历史。

北宋前期设置的最高级别的管理区域，称之为“路”，其辖境比较大，以长安为治所设立的陕西路，使用了七十多年，又改作他名。

到了元朝，设立了辖区更加广大的陕西行省，最突出的地方是将汉中、安康这些陕南部分包括了进来，明朝这里的正式称谓是陕西等处承宣布政使司（习称陕西省），辖境比较稳定，等到清朝康熙六年（公元 1667 年）分离出了西面的甘肃部分，陕西省的辖区就大致延续了下来。

从陕西的来历可以看出，陕西地域的形成经历了一个漫长而复杂的过程，不仅自身的组成越来越合理，而且与周围邻省的地域关系也是越来越融洽，共同组成了祖国版图的有机部分。这样的地域史，毫无疑问是祖国历史的一种认知方式，同时也是好学者的研习素材。历朝历代在这一片土地上生活过的人们，与这一片土地之间，展开过相当丰富多彩的互动，并酝酿出深厚的情感，这些正是我们今天在人文地理视野下需要反复领会，甚或体验的地域文化精髓。

最后，我想说的是，希望通过阅读这一套“陕西人文地理”丛书，给读者铺开一条走进陕西、走向远方的路径。

目 录

第一章　沃土

关中自古就是适合人类居住的好地方，“蓝田猿人”和“大荔人”的发现，西安半坡文化、姜寨文化遗址的发掘，证明了在 115 万年前我们的祖先已经发现了这块风水宝地。此后，黄帝和炎帝在这里建功立业；大禹在这里治理沣河；弃（后稷）

关中平原

在这里与民农桑，成为中国农业科学的奠基人，并成就了杨凌今天的地位。周从这里兴起以灭商，秦徙居关中与各国争霸，确立霸主地位，从而消灭六国、统一天下，并以关中地区为依托建立中国历史上第一个大一统的封建制国家，从而一步步地确立了关中在全国的中心地位。从原始部落的争夺，到封建社会战乱，为抢占这座“天然粮仓”，许多人费尽心机，甚至大动干戈，关中也成为神州大地关注的焦点。战国时的苏秦、蜀汉的张良更是曾称赞关中为“天府”之地，关中也成为最早被称为“天府之国”的地方，比成都平原获得“天府之国”的称谓早了半个多世纪。

第一节　物产

位于陕西省中部的关中平原不仅陆路交通便利，四周有山河之险，而且依山傍水，自西向东横贯关中平原的渭河及其支流泾河、北洛河，加之中国古代就有的著名水利灌溉工程的郑国渠、白渠、漕渠、龙首渠等，为关中地区提供了便利的灌溉条件，从而孕育了今天土地肥沃、物产丰富的关中平原，培育了临潼石榴、户县葡萄等品质优良的果木品种和灞桥大葱等农产品，深受人们喜爱。

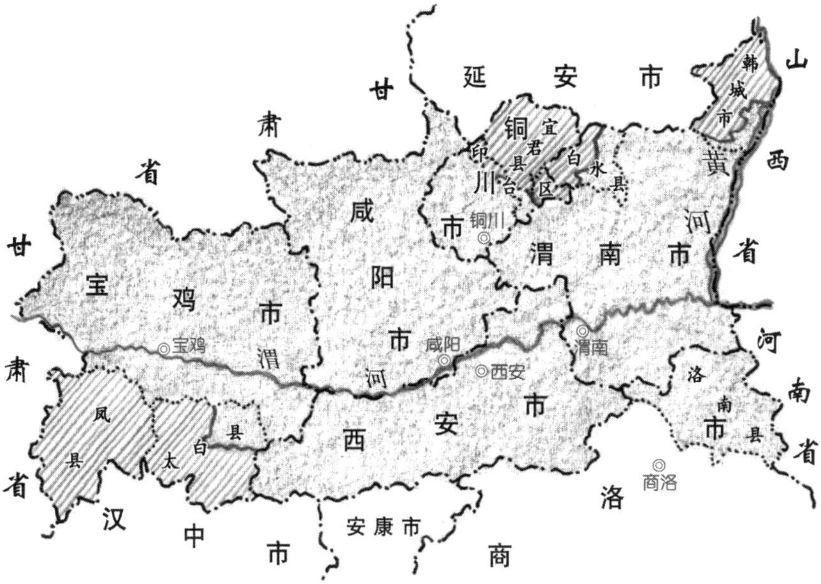

关中地区范围的不同认识

1.“临潼三宝”：石榴、火晶柿子和相枣

来西安旅游的人，几乎无一不到临潼区去参观华清池、始皇陵、秦俑博物馆，但请不要忘记闻名中外的“临潼三宝”：临潼石榴、临潼火晶柿子和临潼相枣。如果你有机会品尝这些美味佳果，会给你的旅游增添难以忘怀的乐趣。

相传，临潼石榴是张骞出使西域时，从安石国带回的。当时，安石国大旱，安石国御花园中的石榴树也是奄奄一息。张骞教给他们汉朝兴修水利的方法，解了安石国的燃眉之急，也救活了这棵石榴树。张骞回国时，没有要安石国王赠予的金银珠宝，而是收下了一些石榴种子作为纪念品，带回后种植在长安上林苑和骊山脚下，成为今日的临潼石榴。更有传说，安石国的石榴树原就是在骊山脚下，是女娲氏炼石补天时，遗落在骊山脚下的一块红宝石，后来被安石国王救过的一只鸟儿从骊山衔到了安石国的御花园，生长成为一棵奇树，而被安石国王命名为安石榴。谁曾想多年以后，当年的“红宝石”竟然可以成为今日享誉海内外的临潼宝贝。

关于石榴的原产地有两种说法，一种认为我国即为石榴的原产国之一，因为有学者考察发现在我国三江源地区分布有野生石榴林，但此种说法还有待考证。另外一种广泛认可的说法认为石榴原产伊朗和阿富汗等西亚地区，之后传入我国新疆，汉代传入陕西。引种初期，石榴主要栽种于京城长安附近御花园的上林苑和骊山的温泉宫(今

石榴盆景

华清池）内，是供皇子后妃观赏的，这就是最早的临潼石榴。相传，武则天十分崇尚石榴。因此，石榴栽培在唐代进入全盛时期，一度曾出现石榴“非十金不可得”和“榴花遍近郊”的盛况。

临潼石榴具有果体大、果皮薄、色泽鲜艳、籽实味道甜香等优点，而且栽培面积居全国之首，因而成为著名的石榴之乡。临潼石榴主要分布于骊山北麓华清池两侧和秦始皇陵一带。东起马额，经代王、秦陵、骊山，西至斜口，沿骊山形成了一条长约 15 千米的驰名中外的石榴林带，面积 8000 公顷，成为全国最大的石榴基地。

临潼火晶柿子是陕西的特产，是柿子中的佼佼者，为陕西名优土特产之一。柿子上下近似扁圆形，熟后质软，外皮大红，当它于深秋成熟后，挂满枝头，如火焰一般好看，故名“火景”柿子。又以其果实上有一层依稀可见的白霜，且有光泽如水晶，故又称“水晶”柿子。相传公元 1900 年时，地方官员曾以“临潼火晶柿子”向慈禧太后进贡，深受慈禧喜爱。今天，火景（晶）柿子树种植在骊山北麓一带，以山任村、山孙村种植面积最大，品种最好，种植面积达 1000 公顷。

临潼相枣以其个大、皮薄、肉厚、核小、甜脆而驰名。它的营养极为丰富，果肉内含有蛋白质、脂肪、碳水化合物和维生素等，特别是维生素 C 含量最高，比柑橘、苹果等水果的营养价值还要高，同时还含有钙、磷等矿物质。相枣除供鲜食外，多晒成干，作为加工糕点等食品的生产原料，如可做粽子、甑糕、甜饭等。不但可酿酒做醋，而且是重要的中药材，有健脾、养胃、益血、壮神、降血压之功能。相枣在临潼具有悠久的果树栽培历史，在相桥、康桥、新兴、武屯等乡镇一带广泛种植。

“临潼三宝”之盛是与临潼特殊的地理和气候环境分不开的。临潼位于西安市东北，北临渭河，南接骊山，面积 898 平

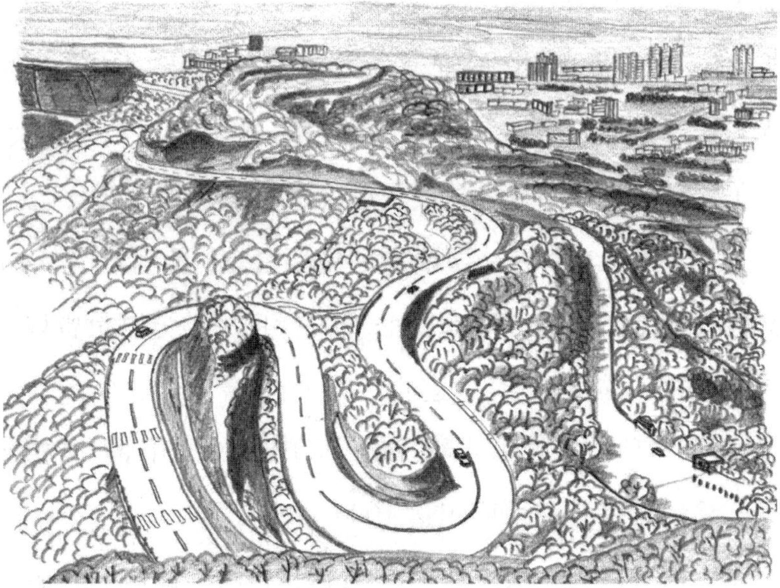

骊山最美公路与石榴林

方千米。临潼区内温泉密布，空气湿度大；土质松软，含沙量大，透水性好，雨量适中；夏季昼夜温差较大，这些气候和土壤条件都为水果的生长提供了优越的环境。再加上这里有以西安为中心的巨大消费市场，为水果的销售解除了后顾之忧，所以世代相传至今。

2. 户县葡萄

户县（于 2016 年 11 月 24 日，经国务院批复，撤销户县，设立西安市鄠邑区）葡萄栽种历史悠久，《周礼》中就有关于“蒲桃”的记载，而当时户县属周朝首都丰京，说明早在周朝时户县就有栽培葡萄，时至唐代，诗人王翰更是留下了“葡萄美酒夜光杯”的诗句，流传千古。

鄠邑区位于关中平原的中部，属于西安市郊县，这里南依秦岭，北临渭水，葡萄的广泛种植既离不开关中平原大环境的滋养，同时又与鄠邑区地区特有的小环境密不可分。鄠邑区境内山川、河流皆有，气候上与关中平原的大陆性季风气候并无二致，气候条件适宜农业生产和多种经营，素有“银户县”之美誉。同时，鄠邑区境内水资源又极其充沛，不仅地下水资源丰富，境内更是有多条河流穿境而过，形成密集的水网，为境内的农业生产，尤其是葡萄生长提供了丰富的水资源。鄠邑区

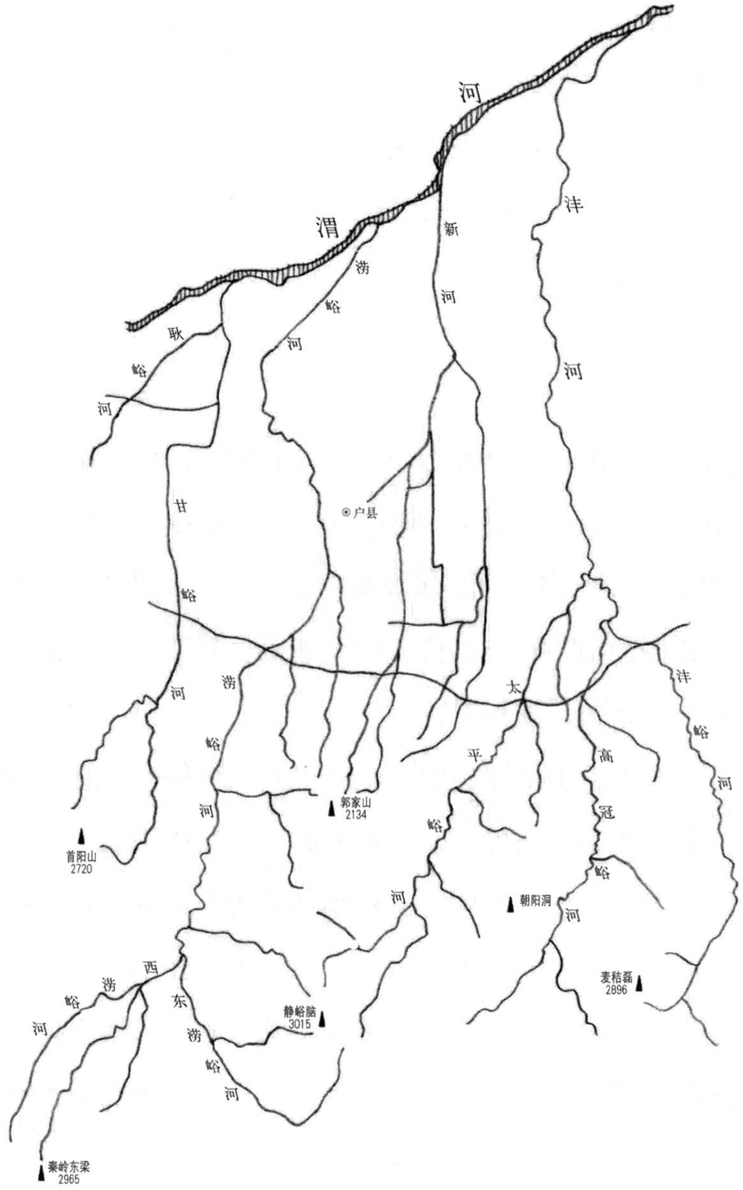

户县(今鄠邑区)水网分布图

葡萄品种繁多，质量上乘，而这其中尤以“户太 8 号”最为著名，经过多年的培育，使鄠邑区获得“中国户太葡萄之乡”“中国十大优质葡萄基地”等荣誉称号。鄠邑区北部的平原地区，也因土层深厚，土质肥沃，因此成为鄠邑区葡萄的集中种植区。

3. 灞桥大葱

灞桥大葱产于西安市灞桥地区的浐、灞两河沿岸。作为关中地区著名的土特产品，灞桥大葱栽培历史悠久，成为传统名土特产，誉满关中，尤以“雾庄大葱”最负盛名。葱白粗壮，葱肉鲜嫩，葱味辛辣芳香，营养丰富，食用价值高，具有“做臊子不沉底，做包子馅不塌顶”的特点。灞桥区有名的小吃葱花大肉饼正是得益于灞桥大葱的鼎力支持。

关中地区优越的气候和土壤条件不仅为“临潼三宝”、户县葡萄和灞桥大葱的生长提供了优越的环境，同时还使陕西成为中国乃至世界最大的猕猴桃产区，还孕育了华县大接杏、周至西瓜等名优特产，使陕西的瓜果市场异常丰富，闻名中外。同时，除了各种各样的水果，关中还是陕西省优质小麦的优势生产区，玉米、棉花、高粱等普遍种植，尤其是小麦和高粱的大量种植，使西凤酒的酿造成为可能，从而成为关中乃至陕西名优产品。关中周围的山中更是藏有丰富的铜、铁、金、银等矿产资源，为工业的发展提供了基础。

西汉娄敬

不管是经济作物，还是粮食作物，能够在关中得到普遍种植，一方面得益于关中独特的区位优势，另一方面得益于其得天独厚的自然环境。

司马迁在《史记》中就指出关中耕地只占全国的三分之一，人口占全国的十分之一，而财富却占了全国的十分之六。娄敬在建议刘邦定都关中的时候提道：“且夫秦地被山带河，四塞以为固，猝然有急，百万之众可具也。”指出了关中地理环境的优势。同时娄敬的建议也得到了张良的支持。时至今日，连接东西的陇海铁路横穿关中，连霍高速从中穿过，四通八达的交通运输网络使关中能够与全国各地互通有无，为关中的发展提供了良好的契机。

另一方面，关中处于我国中纬度地带，属半干旱半湿润的温带季风气候。另外，关中处在西起宝鸡东至潼关的渭河、泾河、洛河及其支流所形成的冲积平原上，地势平坦，土壤肥沃，很早就有“八百里秦川”的称号。早在先秦时期，周人就来到渭河流域，经营关中。渭河、泾河、洛河及其支流纵横分布，利于灌溉，秦、西汉又都曾着力经营关中的水利灌溉工程，使这里成为土地肥沃、灌溉便利、农业发达的地区。

第二节　面食

说起陕西面食我首先想到了，前段时间很火的电视剧《芈月传》。在《芈月传》里，楚国嫡公主初到秦国，对秦国的饭食很是不习惯，觉得秦国饭食粗粝，不易消化，甚是怀念楚国的稻米。当时的秦国正处于关中地区，而这一情节是与先秦时期我国南北方的饮食习惯大致相符的，即当时的中国饮食是由北方的粟和南方的稻米共同组成的。

面条像裤带

陕西著名的民俗“八大怪”，第一怪“面条像裤带”。一根面条宽度可达二三寸，长度则在一米上下，厚度厚时与硬币差不多，薄时却如同蝉翼。一根面条足够一顿饭，而对大饭量

宋代驴推磨画像砖

的关中人来说，一顿吃400克、500克也是轻轻松松的。面食文化是关中当地文明的重要组成部分。陕西面食文化大约在春秋战国时期开始兴起。这是因为在此之前没有可以把小麦加工成精细面粉的工具。在西周以前，加工粮食的工具主要用的是杵臼、棒和碓等，而这类工具只能对谷物脱壳或加工成碎粒，很难磨制成精细的面粉。据《世本》记载，春秋时期鲁国的能工巧匠鲁班发明了磨制面粉的石磨。鲁班发明磨的真实情况已经无从考察，但是从考古发掘的情况来看，龙山文化时期（距今4000年左右）已经有了杵臼，因此到鲁班的时代发明磨是有可能的。1965年考古工作者在渭北的秦都栎阳遗址出土了战国时期的石磨，进一步证实了陕西关中地区最迟在战国后期已经有了用面粉制作的食物。

在西汉，面食文化迎来了它的第一个发展期，我国出土的大量汉代石磨说明了汉代面食的条件进一步普及。上至皇室饮食制作机构设立的 “汤局”，下至民间各种面食。西汉时面食的种类也进一步丰富。汉、晋、南北朝直到隋唐时期面食的名称统称为饼。入锅用水煮熟，带汤而食的叫“汤饼”、入笼中蒸熟的叫蒸饼、在鏊中烙熟的叫烙饼。除此之外还有史料记载的蒸饼、煮饼、水溲饼……还有一种面食在汉至南北朝时期一直被称馎饦，也称为不饦、怀饦，也就是指手扯面条或手揪面片。《齐民要术》卷九“饼法”记载：“馎饦”挼如大指许，二寸一段，着水盆中浸，宜以手向盆旁挼之使极薄，皆急火逐沸熟煮。

面食文化在晋代得到进一步发展。与西汉时期丰富的面食种类相较，晋代面食的制作原料和制作过程更为精细。晋束皙（束广微）的《饼赋》对当时面食制品的原料，面粉加工的精度，饼的生产、品种以及厨师制作过程等都有详细的记载。他说当时用的面粉是“重罗之面，尘飞雪白”制成的面团，皎洁韧劲，膏溔柔泽；又说制作而成的面条“柔如春棉，白若秋丝”，熟练调好盛在餐器中，“气勃郁以扬布，香飞散而远遍，行人垂涎于下风，童仆空噍而斜盼，擎器者呧唇，侍立者于咽”。虽然束皙《饼赋》中所描写的是当时北方地区面食文化的情况，并非专指陕西关中，但可见晋代北方面食文化的发展进步。

唐代长安是当时的国际性大都市，繁荣程度居全国之首，面食文化亦然。当时皇宫里的御膳房制作面食精益求精，皇后和妃子们也亲自动手制作面食。《新唐书·王皇后传》记载：王皇后失宠被废时，曾哭着对唐玄宗说“陛下独不念阿忠脱紫半臂易斗面、为生日汤饼邪！”可知唐宫中皇后、妃子们也会亲自制作面食，同时也说明唐代朝廷也有了过生日吃“长寿面”的讲究。唐代长安的官府衙门的面食品也很精美。韦巨源的《烧尾宴食单》中就有二十多种面点食品，其中“素蒸音声部”就是一组在造型上艺术性最高的面食制品。唐代京畿之地的僧寺、道观、尼庵里也有制作精良的面食，其青龙寺的面食文化曾传到日本。在长安饮食市场上，面食品更是千姿百态，其中槐叶冷淘是种防暑降温时食用的凉面条（用槐叶汁水和面、类似今天的菠菜面和关中农村的野菜叶搓面），杜甫食后觉得有“经齿冷于雪”之感，还有供人们节日食用的“二十四气馄饨”等，不胜枚举。

从古至今，关中人对面食的感情是骨血里的热衷。所以他们乐意在面食品方面下功夫，从而创造了丰富多样的面食，同时也创造了关中人自己的面食文化。

1. 面

近年来很多生活背景为陕西的影视题材除去故事情节不说，

都会细致的描绘面食的部分。2009 年上映的《三枪拍案惊奇》为著名导演张艺谋的作品，电影中完整地呈现了油泼面的制作过程，让观众仿佛隔着屏幕都闻到了油泼面的香辣味儿。无独有偶，著名作家路遥先生的《平凡的世界》被拍成了电视剧并于2015年上映，片子中频繁地出现了陕西有名的担担面、油泼面等面食。可见关中人爱吃面，这是出了名的。“八百里秦川尘土飞扬，三千万老陕怒吼秦腔，吃一碗油泼面喜气洋洋，没有辣子嘟嘟囔囔。”这就是陕西人的形象写照。关中人的生活更可以体现为“麦面辣子菜籽油，老婆孩子热炕头”。犹记得《白鹿原》中的长工在一场酣畅淋漓的秦腔之后蹲在地上大碗吃面的痛快。

关中人爱吃面，也会做面。“捂到的醋，揉到的面”，关中人做面总会这样说。一块揉来揉去的面，在关中人手里会生出上百上千种花样来。什么宽面细面浆水面，绿面扯面葱花面，等等，应有尽有。冬天天冷，下一锅糁子面吃饱暖身；春天天暖，来一碗油泼面摆上桌来；夏天天热，端一盆蘸水面边捞边吃；秋天天凉，卤面蛋面随意变换。

“哎……来来来！里边坐！听听八木的卖面歌。大刀面，小刀面，油泼辣子 biangbiang 面；炸酱面，羊肉面，蒸面，炒面，臊子面；御（玉）面，凉面，炉齿面；麻什面，蘸水面，旗花面，浆水面；米儿面，红豆面，烩面，烙面，糊涂面；还有蜇面，绿面，豆面，剁荞面；血面条，人少见，节节面，窝窝面，更稀罕！想吃啥面有啥面！新添天下第一面，还有各省的特色面；山西人的刀削面，兰州人的牛肉面，维吾尔族拉条子，福山大面大碗端，广东酸汤龙骨面，四川人的担担面，豫西人的红薯面，上海有名阳春面，福州干面天下传，台北市的担仔面，香港白汁海鲜阔条面，澳门来的牛腩面……中华面条说不完，还是请你亲自点。哎……坐坐坐！吃热的还是吃凉的，不热不凉温拌的？吃荤的还是吃素的，半荤半素也有呢！爱吃甜还是爱吃酸？酸辣咸淡任你选！不吃香菜你言传，做好调好端跟前，先吃一碗尝尝看，吃着不香不要钱！哎……卖面。卖面来……”这首风趣的《卖面歌》，是中华面条的缩写，其中很多说的是陕西面条，据媒体介绍，陕西面条不下50种。但陕西师大民俗文化学教授张志春说，他收集的陕西面条名称就在百种以上。而面条仅是陕西面食的一个类别。在渭北高原传统缺菜的农村，巧媳妇可以让家里老少一个月不吃重样，由此可见陕西面条的丰富多样。

要说关中面，最为有名的要数油泼面和臊子面了。

陕西“八大怪”中有一条就是辣子是道菜，一语道出了陕西人对辣椒的喜爱，那就当然少不了在做面时加入辣椒，其中最为人称道，家喻户晓的面莫过于油泼面。油泼面的做法很简单，将面条在开水中煮熟后捞在碗里，将葱花碎等配料和厚厚一层的辣椒面一起平铺在面上，用烧的滚烫的菜油浇在调料上，顿时热油沸腾，辣椒的香气四溢，随后调入适量酱油、香醋即可。过去，在物质缺乏的时候能够吃上一碗有葱花的油泼面已是人间一大乐事，随着生活条件的改善，现在的油泼面也做出了许多新花样，就面的种类来说，有扯面、拉条子，各种粗的、细的、宽的、窄的，一应俱全，而配料更是十分丰富，有的会在捞面之前在碗底铺一层豆芽和牛肉，捞出面之后再加上葱花、花椒等调味品，也可以根据自己的喜好加一些腊汁肉、西红柿鸡蛋等搭配食用，做出了各种新花样。

岐山县的臊子面历史悠久，起源于商周，清代已经很驰名。岐山县大小饭店都供应臊子面，或者干脆就起个“岐山臊子面馆”“臊子面馆”或“老**臊子面”等专卖臊子面。臊子面是陕西的风味小吃，尤以宝鸡一带的为著名，品种多达数十种，面以薄、筋、光，汤以煎、稀、汪，味道以酸、辣、香为特色，吃口柔韧滑爽。臊子面的特点是面条细长，厚薄均匀，臊子鲜香，面汤油光红润，味鲜香浑厚而不腻。而岐山臊子面乡土风味尤为浓厚，以酸辣著称。岐山面要求宽汤，即汤多面少，并突出酸辣味。所谓煎、汪面条要热得烫嘴、油要多，才能体现此面的特色。臊子面对关中地区人们生活的影响很大，无论喜事丧事、逢年过节、老人过寿，还是小孩满月或是家里来了亲朋都离不开臊子面。关中地区办红白事、老人过寿、孩子满月等都一般招待两顿，所谓早饭和午飨，而早饭臊子面即为主食。关中地区，新年第一天的早晨基本上都是臊子面。吃饭前，先端一碗汤去门前撒一些以祭奠先人和土地爷、仓神、灶神等，后家人才享用。有的也在先人像前献上一碗臊子面以示怀念。

除了有名的油泼面和臊子面，还有一种不得不提的面，biangbiang 面。2014 年“习连会”后，因习近平与连战是陕西同乡，习近平特别为连战准备“家乡菜”陕西泡馍、肉夹馍以及 biangbiang 面”，由于字难写，习近平还特别用小纸条写下来给连战，之后“习连套餐”狠狠地火了一把。其实，biangbiang 面是关中地区很普遍的一种面，陕西“八大怪”其中“面条像裤带”多指的就是这种面，说的就是这种面的其中一个特点就是

biang 字的写法

面条特别宽，这也就是陕西人吃面很多时候并不是分大小碗，而是论根来，一般粗壮的汉子需要 3—4 根，小女子们一般两根就够了。biangbiang 面因其制作过程中有 biangbiang 的声音而得名，把面擀得厚厚的，然后用刀切得像裤带一样宽，手工拉成长宽厚的面条，在案板上摔打出 biangbiang 的响声，拌上辣椒和调料，用热油一泼，爽口而且耐饥，简直“嫽扎咧”。陕西关中有一句老话叫：“油泼辣子 biangbiang 面”简直馋得爱吃面的人流口水。

不管是油泼面、臊子面还是 biangbiang 面，原料都是小麦磨成的面，这是因为关中地区是小麦的适宜种植区。上文已经介绍过关中地区不仅适宜种植小麦，同时玉米在这一地区也得到了普遍种植，这就为关中地区的人民就地取材丰富自己的日常饮食提供了原材料，做出了中国西北地区著名的汉族特色小吃——搅团。

明朝时，玉米引入中国，明朝末年传播至陕西一代，因其适宜在旱地和坡地上种植，同时对水分又有极大的需求，因此在关中地区得以广泛种植。从而为搅团的制作提供了充足的原材料。搅团的制作方法比较简单，但是却是相当地耗费体力，并需要一定的技巧，制作搅团时需一手端面粉，一手拿擀面杖，把面粉均匀地倒入开水锅里，同时不停地搅拌，搅至没有干面

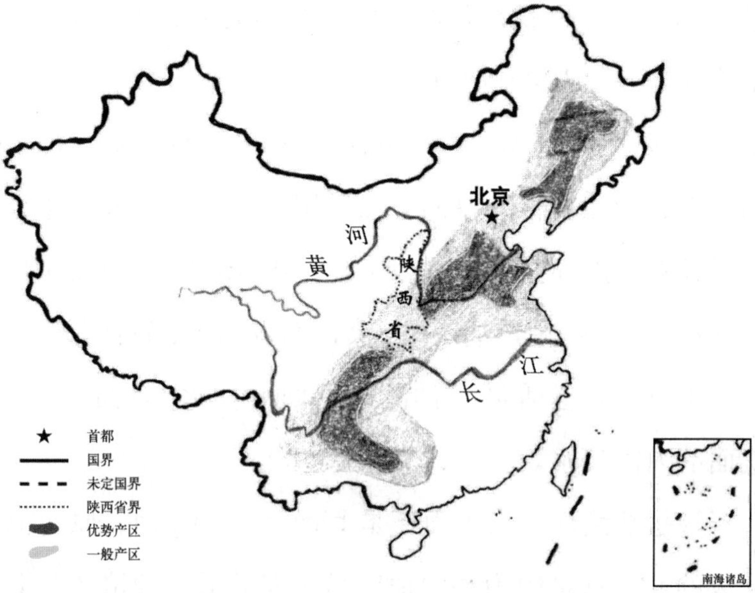

中国玉米主产区地图

粉为至，然后注入一定量的开水，用擀面杖划成一团一团的，待烧开冒泡时，用力搅拌，直至均匀无小颗粒。第二次注入开水加热，待熟后，最后一次搅匀，一锅搅团就做成了。在这一过程中往往会耗费大量的体力，同时还要注意搅团的软硬稀稠，只有软硬稀稠合适，做出的搅团才能够筋道细滑，这也因此成为过去西北地区考验媳妇是否贤惠的标准。

传说搅团是由诸葛亮在岐山发明的，因此搅团又名水围城。因原料的不同可分为玉米搅团、荞麦搅团和洋芋搅团，都是由粗粮制作而成，二十世纪六七十年代物质极度匮乏，那时农民的口粮标准低、粗粮多。因搅团含水量大，少量的面粉可以做出大体积的食物，用以充饥；又因其是用高粱面、玉米面等粗粮做的，原材料相比更易取一些，因此当时搅团可以说是农家的救命饭。农家几乎每顿饭不离搅团。搅团之所以能够在关中地区风靡开来，还与关中地区人民善于酿醋有关，搅团与醋水一块吃，不仅能够掩盖粗粮的缺陷，口感好，同时又能增强食欲。现如今，物质文化水平大大提高，但是搅团并没有因此退出市场，而是因其风味独特，更加地受欢迎，尤其是夏季，西北地区气候炎热，来一碗搅团，开胃、解暑，又因搅团虽然可以充饥但不耐饥，很容易就能够被消化，不至于积食，所以成为关中地区夏季的解暑佳品。

2. 馍

馍，南方多称馒头，北方根据地方不同称为馒头、馍、馍馍，有蒸、烙、摊、炕、炸、烤不同做法。关中地区多为蒸、烙。根据粗细粮又可以做出麦面馍、豆面馍、玉米面馍、糜面馍、高粱面馍、菜面馍等。烧烤的馍制作简单，又称为烧馍。而花馍则是年节必备的面食，最具有文化价值，花馍不仅外形美观，而且象征着吉祥如意，寄寓着人们深厚而美好的感情。

烙馍在河南等地是指一种薄薄的饼，而到了陕西关中地区

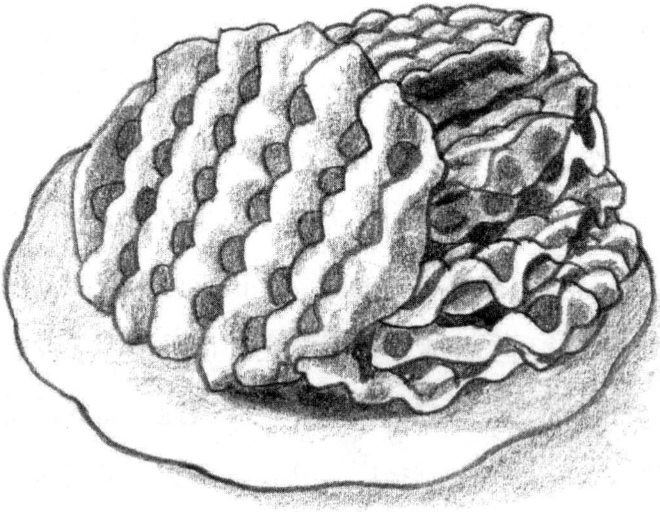

石子馍

则常以锅盔为代表，有永寿压杆压的硬面锅盔、乾县的毛边锅盔、武功县的大锅盔、扶风县的鹿寿饼、富平县的太后饼。渭北五县的石子馍，还有饦饦摸、葱花大肉饼、牛羊肉饼、核桃饼、鸡蛋饼、金钱油饼、千层油饼、菜盘子……烙馍可以单吃解饥，还吃出了花样来：牛羊肉泡馍、葫芦头、羊血柳馍、红肉煮馍、三鲜煮馍、豆花泡馍。接近烙的“摊”，又有合阳县的踅面、礼泉县的烙面、富平县的蒸饼、夏季的煎饼和各种荤素烩饼，种类十分丰富。

肉夹馍是古汉语“肉夹于馍”的简称。外地人首次听说肉夹馍，都认为是病句，这是与古汉语有关，肉夹馍，其实是“肉夹于馍”。老百姓无须文绉绉地讲之乎者也，加上陕西人性急，直爽，省去“于”字，喊起来顺口些。

肉夹馍

腊汁肉夹馍是陕西省著名西府（宝鸡市）小吃和西安市著名小吃。把馍（烧饼）掰开加食材的吃法，就叫夹馍。根据夹的东西不一样有演化出不同的种类，夹肉的叫肉夹馍，夹菜的叫菜夹馍，还有大油夹馍、辣子夹馍等。同时和外地经过改良里边加入青辣椒的做法不同，关中地区的肉夹馍仍然坚持着只加肉的传统，同时又根据所夹之肉的品质不同分为普通肉夹馍和优质肉夹馍、肥瘦夹馍和纯瘦肉夹馍，一般的年轻人，以直提纤瘦身的女子居多，喜欢吃纯瘦；懂些门道的，喜欢吃肥瘦，这东西要肥瘦均匀才香；资深食客是要吃肥皮的，顾名思义，就是肉皮和它下面的少许脂肪，肥而不腻，胶糯香滑，是腊汁肉中的精品。

另外，随着时代的变迁，夹肉的馍也在不断推陈出新，现在的馍有荷叶饼、白吉馍等等。肉夹馍的关键就在于馍，现在流行一句话“铜圈虎背菊花心”，即为衡量馍做得好不好的标准，好的馍要求皮薄松脆，内心软绵。如今，肉夹馍遍及西安大街小巷。咬一口外皮松脆，其内绵软的白吉馍。满嘴香醇可口的腊汁肉和白吉馍的诱人味道，不由你不满口生津。

牛羊肉泡馍简称“泡馍”，有陕西美食“总代表”的美誉，是陕西的标志性美食。说到陕西首先想到的是羊肉泡馍。北宋著名诗人苏轼留有“陇馔有熊腊，秦烹惟羊羹”的诗句。泡馍是从古代的“牛羊羹”演化而来的，因其料重味重，肉烂汤浓，香气诱人，食后余味无穷，又有暖胃之功能，在陕西等地区广受欢迎，尤其是在寒冷的冬季能够来上一碗泡馍，简直是人生一大幸事。泡馍距今已有两千多年的历史，久而久之，泡馍成了长安人最喜爱的小吃，一直流传至今，并不断地出现在陕西历史与文学作品中，还被誉为“天下第一碗”。成立于 1920 年的西安同盛祥的羊（牛）肉泡馍的制作技艺还被列入第二批国家级非物质文化遗产名录。

贾平凹曾说泡馍是“并非饭来张口”，意思是说想要吃泡馍，需要自己亲力亲为的掰馍，这说的是一种泡馍的吃法，也就是泡馍。但是，在关中地区并非所有的泡馍都需要“亲力亲为”，还有一种吃法叫煮馍，这种针对的就是那些不愿意也不想亲自掰馍的人，可由店家代劳，现在一些牛羊肉泡馍馆已使用碎馍机，把馍切碎后，再由烹饪师烹制。除此之外，泡馍由于口味和食材的不同又可以分为羊肉泡馍、牛肉泡馍、小炒泡馍和一种神奇的葫芦头泡馍。

牛肉泡馍和羊肉泡馍自然不必多说，市面上泡馍的馆子随处可见，也是大众比较能够接受的种类，食客众多。小炒泡馍则是经过改良之后的种类，一般简称“小炒”，和普通泡馍不同的是，普通泡馍是煮出来的，而小炒泡馍是炒出来的，所以说一般比较干。小炒泡馍口味酸辣，相比普通泡馍，配菜也更加丰富。而西安泡馍中最神奇的莫过于葫芦头泡馍了，一般人听到这个名字都会感觉很迷茫，不知其为何意。其实，这是陕西西安特有的汉族传统风味小吃。葫芦头即为猪大肠与小肠连接处的肥肠，因其熟后收缩状似葫芦头，而故名。听完葫芦头的意思，想必大家对葫芦头泡馍已经有了大致的了解，其实葫芦头泡馍就是在普通牛羊肉泡馍的制作基础上采用了猪大肠，因其与回族的饮食习惯相违背，虽在西安主要集中分布在少数街巷，但慕名而来的人确是不少。

关中人不仅喜欢自己吃泡馍，还喜欢请他人吃泡馍，如杨虎城将军曾用牛羊肉泡馍宴请蒋介石。新中国成立之前甚至还出现过用一碗牛羊肉泡馍换取一张选票的荒唐事情。新中国成立以后泡馍不仅受到国家领导人的喜爱，而且外国领导人品尝后，也做出过很高的赞誉。

牛羊肉泡馍与一般食物不同，烹饪技术要求很严格。从馍的烤制，到汤的调制，环环相扣，容不得半点马虎。馍需酥脆干香，入汤不散。用餐之前，顾客可根据个人喜好对馍进行“加工”，喜欢小块的，性子比较慢的，可以慢慢掰，掰得越小越好，便于入味，性子比较急的，掰得就比较大，吃起来筋道，也是不错的，更有甚者，也可以不掰，直接咬着吃，咬一口馍，喝一口汤，另是一种风味。煮馍讲究以馍定汤，调料恰当，武火急煮，适时装碗，以达到原汤入馍，馍香扑鼻的要求。如今，陕西吃羊肉泡馍还流行一种“标配”：泡馍、糖蒜和冰峰汽水。

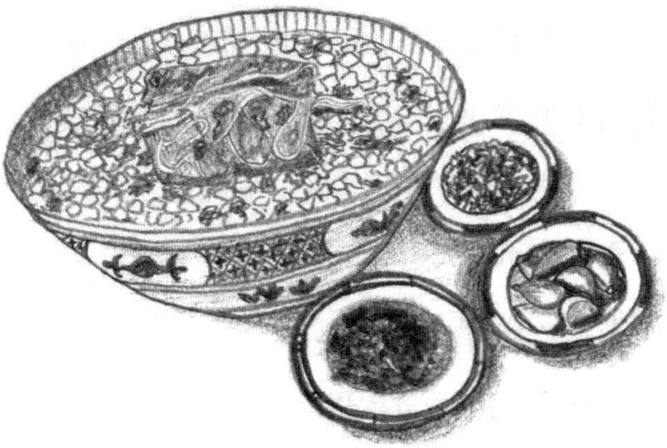

羊肉泡馍

泡馍虽然好吃，但是吃一碗泡馍难免会油腻，所以这时就需要糖蒜来解腻，吃到酣畅处来一口冰峰，沁人心脾，即解腻又解渴，深得广大人民群众的喜爱。

市场经济的今天，关中面得到了充分的开发，在面的制作上不再是单单地采用小麦面，而加入了菠菜面、荞麦面等新的成员，使面食的种类异常丰富，加之西边兰州面食的进入，东边山西面食的渗透，关中面在嫁接改良竞争中不断地发扬光大，呈现勃勃生机，在保持传统做法、坚持本色和特色的同时大胆创新，积极地走出关中，走出陕西，像岐山臊子面不仅在当地形成气候，以臊子面构筑的民俗村招来八方客人，而且岐山臊

中国小麦主产区地图

子面馆开到了京城，走出了国门。

关中深厚面食文化与关中地区主产小麦有关。陕西渭河流域是我国的小麦原产区之一。小麦营养丰富。据《食物本草》记载：“小麦，味甘温……主补虚。久食之，实人肤、体，厚肠胃，强力气，养气，补不足，助五脏……”据化验，小麦面与稻米相比，蛋白质、脂肪、钙、磷、铁等含量都高得多。陕西关中的小麦，因土壤、气候的关系，品质很好，特别关中西府各县小麦的播种期在农历24节气的白露前后，收割期在第二年的芒种以后，受土时间跨越了24节气中的19个节气，品质尤为良好，这就为面食制作提供了良好的物质基础。

第三节　衰落与振兴

关中平原可称得上兵家必争之地，得关中者得天下，这就是关中平原隋唐以前在全国的地位。周兴自关中而灭商，秦居关中而灭诸侯，项羽放弃汉中定都彭城，而致失天下于刘邦，刘邦采纳重臣的建议定都关中才有了西汉几百年的统一兴盛。魏晋南北朝时期，各国也以据有关中地区为重任。隋唐时期，尤其是唐朝定都长安，创造了中国历史上的一大盛世。隋唐以前，关中地区能够成为全国的政治经济中心，不仅得益于其得

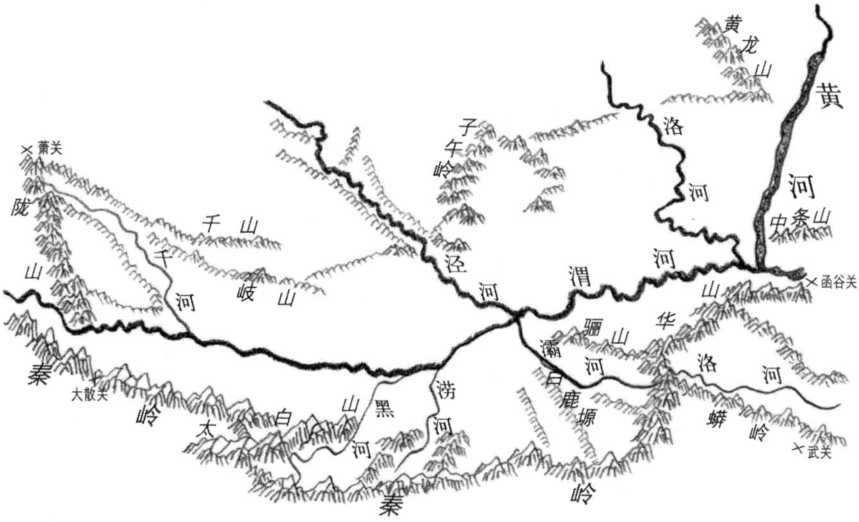

关中“四塞之国”形势图

天独厚的自然地理位置的优越性,同时也是当时的时代条件使然。

关中地区之所以称之为“关中”，因其东有函谷关，西有大散关，南有武关，北有萧关，易守难攻，从战国时起就有“四塞之国”的说法。在古代，有用“百二秦关”来形容关中险要的说法，意思是以百万之众攻关中，二万人足以拒之。以两万之师挡百万之众，所恃者乃在其地形地势之险。关中对中原，在地势上呈高屋建瓴之势，四面有山河为之险阻，几处重要的交通要道，又立关以守之，从而形成能进能退、可攻可守的态势。关中位居渭河谷地，渭河从中穿行而过，不仅为关中地区提供了充足的水资源，灌溉发达，盛产小麦、棉花等，是我国重要的商品粮产区。战国时期郑国渠的修建，更是使关中地区成为物产丰富、帝王建都的风水宝地。同时渭河与黄河相连，可通过黄河连接大运河，直达扬州，为关中地区提供了便利的水利交通，加之历朝历代为了加强自己的统治，必然会兴修道路，加强对周边地区的控制，秦人就曾大修驰道，开通栈道，穿越秦巴山地，与汉中、巴蜀之地相通。所以汉代张良用“金城千里”来概括关中的优势劝说刘邦定都关中。便利的水陆交通，加之漕运的良好维护对关中经济起到了很好的补充作用。

关中地区想要保证自己的历史地位不受动摇，良好的社会基础也就必不可少。关中地区是我国历史上开发较早的地区，自周代以来，关中人民好事农桑，大力经营农业。同时，因关中地区接近西北少数民族聚居之地，关中人民又勇敢善战，真正做到力耕以富国，尚战以强兵，形成与东部地区截然不同的社会风气，秦汉时期流行的“关中出将，关西出相”，正是这一社会现象的形象表述。基于这种社会风气，西汉时，关中地区出了不少的优秀将领，北朝后期，这些军事贵族形成了集团势力——关陇集团，成为以后西魏、北周、隋和初唐统治的基础，也成为关中地区历史地位的社会基础。

作为中华民族的发祥地之一，借助于诸多便利条件，关中

唐长安城明德门

地区在秦汉迄隋唐时代，发展成中国古代黄河文化的中心以及当时的政治中心。

隋唐之后，关中地区逐渐失去了其经济政治中心的地位，逐渐走向衰落。经济重心的南移固然是关中地区失去其中心地位的主要原因，但是，随着经济文化的发展，关中地区偏居西北的地理位置决定了其必然失去昔日的辉煌。

关中地区地理位置偏居西北，难于应付政治斗争是它无法克服的缺点。自唐末以后，随着契丹族、女真族、蒙古族和满族的兴起，政治斗争的中心已逐渐转移到北方，建都长安显然已不适宜。随着江南社会经济的发展和海运交通的发达，自五代以后，再没有一个王朝定都于西北的长安。

隋唐以前，虽然国都大多选择在关中地区，但是关中地区作为经济政治中心的弊端已经凸显出来，历代为解决这一问题也付出了不少的努力。秦王朝建都咸阳，秦始皇就不得不多次出巡东方，以加强其中央集权。西汉定都于长安，由于鞭长莫及，吴楚七国之乱，竟然使汉王朝大为震惊。隋唐王朝定都长安，后来又把洛阳作为陪都，就是为了照顾全国各个地方，以加强其统治。由此可见，关中这种地理位置上的缺陷由来已久，就是在这里建都的王朝也感到美中不足。随着历史的发展，长安远离政治斗争的中心、经济发展的重心和海洋交通要道，不仅难于作为国都，连它的名称也不能不给予改变，从长安到改名西安就是这种历史发展的自然趋势。

同时，关中平原地区相比西北部的其他地区固然有太多的优越性，加之人民的辛勤耕种，使关中平原遥遥领先于周边地区。但是与东部地区相比，关中平原的弊端就一览无余。关中平原的中部，长期以来为国都所在，人口众多，对粮食的需求量十分可观。关中平原的面积狭小，粮食产量有限，凡是在这里建都的统一王朝，都必须从关东地区（中唐以后是江南）转运漕粮，以支撑庞大的官僚机构和军队。秦王朝统一全国以后，

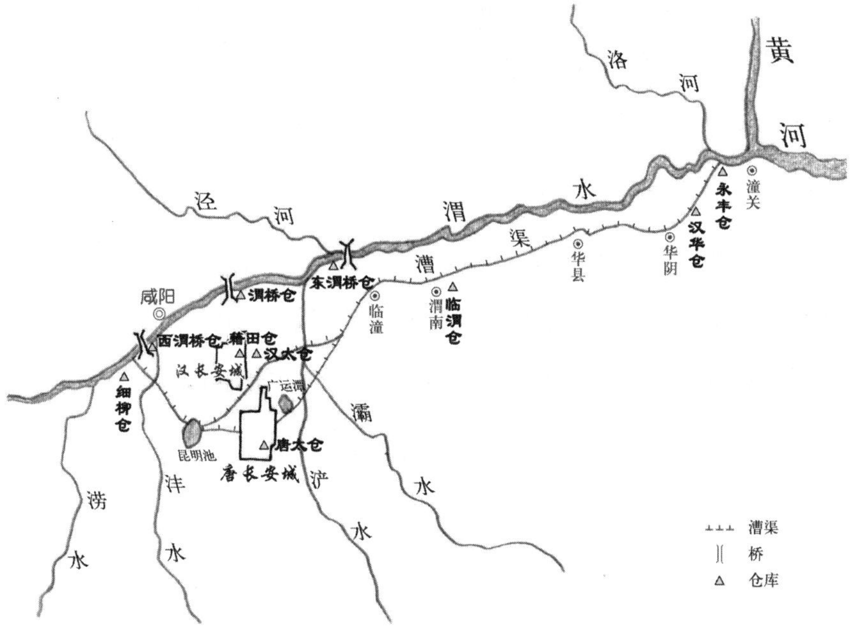

汉隋唐关中漕渠线路及沿线仓库

即从“黄（今山东龙口市）、腄（今山东福山区）、琅邪（今山东平邑县）负海之郡”转运粮食，以供给西北军队的需要。汉、唐王朝在这里建都，开始时每年从关东地区漕粮不过数十万石，但随着官僚机构的扩大和统治者的挥霍无度，以及西北军队的增多，唐王朝中期已猛增至 400 万石（汉 1 升折合 0.2 市升，唐 1 升折合 0.6 市升）左右。但这种转运却不是一件容易的事情，黄河三门之险，渭水流浅沙多，也使他们大伤脑筋。汉、唐王朝都曾在关中开凿漕渠和在三门峡施工凿石，企图使漕运更为方便。前者取得了一定成就，而后者却始终未能成功，即使像开元新河那样大的工程也还是无济于事。然而更重要的是广大劳动人民为此吃尽了苦头，简直是一粒粮食一滴血！漕渠开凿以后，汉、唐统治者还在关中地区倡修了许多水利，就是为了设法就地解决。在中唐以后政治腐败的情况下，成国渠尚能灌溉两万余顷土地，正说明统治阶级对粮食的迫切需要。但是关中平原的面积终究有限，很难使统治者如愿以偿，特别是中唐

拆设长安城的朱温

以后，为了从东南地区转运漕粮，控制运河就成了唐王朝能否存在的生命线。唐德宗李适时，漕粮不济，仓廪枯竭，禁军竟然脱巾在街道上游行，要求发给粮食。正在这时，韩滉运米三万斛至陕，德宗即走到东宫，情不自禁地对太子说："米已至陕，吾父子得生矣！"活现出一副狼狈相。唐朝末年，朱温挟持唐哀帝，后篡夺政权，他拆毁长安城，就是表示将来不在这里建都；同时，岐州李茂贞逼近长安，在这里建都当然不如在他的老巢汴州。自从朱温定都汴州（今开封市）以后，五代的几个小朝廷的国都就游移于开封与洛阳之间，而以前者建都的时间为最长。五代时期，无论在开封或洛阳建都，就他们控制的地区来说还是比较适中的。北宋统一以后，虽有宋太祖赵匡胤迁都洛阳、长安之议，但终于未能实现，就是因为开封位于汴河岸上，东南漕粮可以沿汴河源源不绝地运到京师，以支撑庞大的官僚机构和禁军。开封为四战之地无险可守，北宋不得不豢养庞大的禁军，拱卫京师。而军队愈众，需粮愈多，就更使北宋无法离开开封一步。宋太祖说，他想把国都西迁长安，"欲据山河之胜，而去冗兵，循周汉故事"，但这只不过是一句空话。

在中唐以前，黄河流域一直是我国社会经济最发达的地区，建都关中，虽然需要从黄河下游南北地区转运漕粮，但毕竟不是很远，也还比较容易解决。中唐以后，随着我国社会经济重心的逐渐南移，长江中下游就逐渐发展成为全国最富庶的经济地区。两宋时期，我国社会经济重心已彻底南移，南重北轻的形势已完全形成。因此，中唐以后的五代十国，其财政收入主要依赖于东南地区。长安远离全国经济中心，随着唐帝国的灭亡，终于失掉了国都地位也是很自然的事。我国各统一王朝的国都，由于政治、经济上的原因，其发展趋势基本上是由西向东、由北向南转移。长安不再被选作国都正是我国社会历史发展的必然结果。

基于以上诸方面的因素，中国政治重心逐渐东移，以适应变化了的历史条件。与这一过程相伴随的是关中地位的相对衰落。虽然，唐朝以后关中逐渐衰落。但是，关中在全国的重要地位仍是不可忽视的。自唐以后，政治重心虽已不在关中，但中原纷乱之际，关中对于中原局势的稳定，乃至一朝一代的兴衰，仍具有不可低估的意义。直到明清之际，言天下大势者，亦无不极言关中形胜。

宋元以后，关中地区虽然不再作为国都所在地，但出于稳定边疆的考虑，各个朝代仍比较重视关中，纷纷把自己的心腹或者子弟封于关中地区，以保证关中地区的稳定。1253 年，蒙古大汗分封诸王，忽必烈被封在关中。1272 年，忽必烈封第三子忙哥剌为安西王，建藩于关中。元代在关中设立行省，关中行省（治所在今西安市）的辖地将关中全境包含在内。明代，关中地区可称是维系整个西北地区的核心所在。这不仅表现在明太祖朱元璋将其次子朱樉派往西安，封为素有“天下第一藩封”之称的秦王，而且还反映在明洪武年间前后两次曾把西安作为都城的选址之一。顺治二年（公元 1645 年）正月，清军攻入西安城，为了保证西北的安定，清世祖福临就曾下谕派重臣重兵镇守关中。

1949 年，新中国成立，为关中带来了前所未有的发展时期。陇海—兰新铁路建成通车；宝鸡峡水库建成蓄水，使渭北旱塬得到了充足的水源灌溉农田。1978 年，改革开放后，关中地区坚持“对内搞活，对外开放”的政策，各个行业根据自身特点，实行不同的改革开放政策和措施，取得了一系列丰硕的成果。在关中地区逐渐形成轻工、机械工业为主，科研、文教、旅游事业发达，经济繁荣的“新关中”。

进入 21 世纪，关中地区作为拥有几千年灿烂历史的区域，也作为现代重要的交通枢纽，又获得了重整雄风、再次崛起的历史机遇。

关中地区处于中国地理的中心，处于承东启西、连接南北的重要位置，与周边地区相比具有经济基础好、自然条件优越、人文历史深厚、发展潜力较大等诸多优势，是进入大西北的一个门户，也是大西北地区的一个龙头地区，同时也是大西部的一个经济核心地区。2009年国务院批复，将陕西省的关中平原以及甘肃省天水地区，共六市一区建成关中—天水经济区。这是促进区域协调发展、打造西部大开发战略高地的重大举措，对于发挥关中地区的优势和引领作用，推动西北地区经济振兴，深入持续推进西部大开发，具有重大现实意义和深远的历史意义。经济区建立以来，将把全国统筹科技资源改革的示范基地放在西安，对西安来讲是一个非常难得的机遇。把西安的发展提升到了全国和西部大开发的战略层面，西安正成为西北地区主要经济文化中心。通过建设大西安，带动了大关中，牵动着大西北。这一经济区的建立，为长久以来地域辽阔、偏居一隅的西北地区提供了发展动机，能够带动关中及天水地区的经济发展，从而促进区域协调发展。

2013年9月7日上午，国家主席习近平在哈萨克斯坦纳扎尔巴耶夫大学做重要演讲，习近平提出，为了使欧亚各国经济联系更加紧密、相互合作更加深入、发展空间更加广阔，中国和中亚国家可以用创新的合作模式，共同建设“丝绸之路经济带”，以点带面，从线到片，逐步形成区域大合作。这将是一个东起西太平洋沿岸、西到波罗的海、横跨欧亚大陆的新兴经济

长安号列车

合作区。

2013年11月28日上午10时，伴随着汽笛长鸣和车轮驶过铁轨有节奏的铿锵声，满载货物的国际货运班列“长安号”向西疾驰而去。“长安号”的开通使新丝绸之路经济带由理想变为现实，彻底破解了新欧亚大陆桥20多年来“通而不畅”的问题，让西安与中亚之间的货运物流正式进入“读秒时代”。这趟列车的开通成功吸引了全国乃至全世界的瞩目。它不仅成为建设以国际港务区为中心的物流大通道的重要环节，更是全市乃至全省建设“丝绸之路经济带”的重要抓手，为西安叫响做实“丝绸之路经济带新起点”提供了坚实保障和强大推动力。

丝绸之路是西汉时张骞出使西域开辟的以长安为起点，连接中亚各国，直达地中海沿岸的一条陆上通道。而新丝绸之路经济带，是在古丝绸之路概念基础上形成的一个新的经济发展区域。包括西北五省区（陕西、甘肃、青海、宁夏、新疆）和西南四省区市（重庆、四川、云南、广西）。新丝绸之路经济带，东边牵着亚太经济圈，西边系着发达的欧洲经济圈，被认为是“世界上最长、最具有发展潜力的经济大走廊”。随后，陕西省政府召开常委会议，强调发挥西安国际港务区、综合保税区等作用，加强现代物流集散地和区域性金融中心建设，努力把陕西打造成丝绸之路经济带的新起点和桥头堡。这一举措把长久以来处在内陆经济圈中的关中地区，成功地推向了国际化的舞台，既考验了关中地区的经济实力，也为关中地区开拓了更广阔的舞台，带来了无限的发展商机。新丝绸之路经济带将会给关中地区带来怎样的机遇与挑战，我们拭目以待。

总之，拥有浓重的历史文化积淀，古代都城所在地的关中地区，凭借自己丰富的物产，充分发挥自己的区位优势，在勤劳的关中人民不懈努力之下，在党和国家政策支持之下，一定会越来越好。

第二章 天枢

关中位于我国内陆腹地，交通便利，区位十分优越。就大的地理单元而言，关中之地位于中国地形第二级阶梯的黄土高原东南部，雄踞黄河中游。杜佑《通典·州郡典》有言："夫临制万国，尤惜大势，秦川是天下之上腴，关中为海内之雄地。"面对人口密集的黄河中下游区域，地形上有居高临下之势，正所谓"自古帝者必居上游"，居于高处，俯视众生。

另外，关中在全国的宏观地理位置十分优越，它地处我国华北、西北、西南和中南几大地区交界之地，西北通戎狄，西南连巴蜀，东北接三晋，东南达荆楚。《战国策·秦策》苏秦进言秦惠王曰："关中，西有巴蜀、汉中之利，北有貉、代马之用，南有巫黔中之限，东有蜻函之固，沃野千里，地势形便，此所谓天府，天下之雄国也。"这样的位置特点使其不论是在交通还是军事上都有很大的优势。"秦中自古帝王州"古代帝王选都，往往以此区域为首选。

第一节　长安城

枢，顾名思义，天下之枢纽也。在中国历史中，西安在多个朝代都扮演着雄踞关中、号令天下的角色。从征服六国的大秦，到横扫匈奴的西汉，再到享誉世界的大唐，都是从这里发出一道道命令，掌握整个帝国的命运。并且，关中不仅仅是统一帝国、控制天下的枢纽，更是分裂时期诸侯豪强割据称王的福地。

作为关中地区的核心，古都西安位于黄河支流渭河下游平原中部的南侧——西安小平原上。渭河边到秦岭沣峪口的南北距离为 30 千米，而西安东南靠近秦岭山脚前向北延伸出去的白鹿原、少陵原、神禾原，则形成很可靠的地理依托。从海拔 2802 米的牛背梁向远处望去，秦岭绕出的这个弯，正好是西安小盆地的展开地域。有人在论述西安地理大势时说，“秦岭山脉由西向东逶迤，在这里却向南拐了一个弯，这个弯度的伟大之处，是在秦岭北麓亮出了一个巨大的怀抱”，这段话形象地描述了西安地理环境。西安在历史时期之所以被众多朝代的统治者钟爱。地理环境的有利条件在一定程度上起到关键作用，使其不仅是一个区域中心，还是区际之间的重要枢纽。

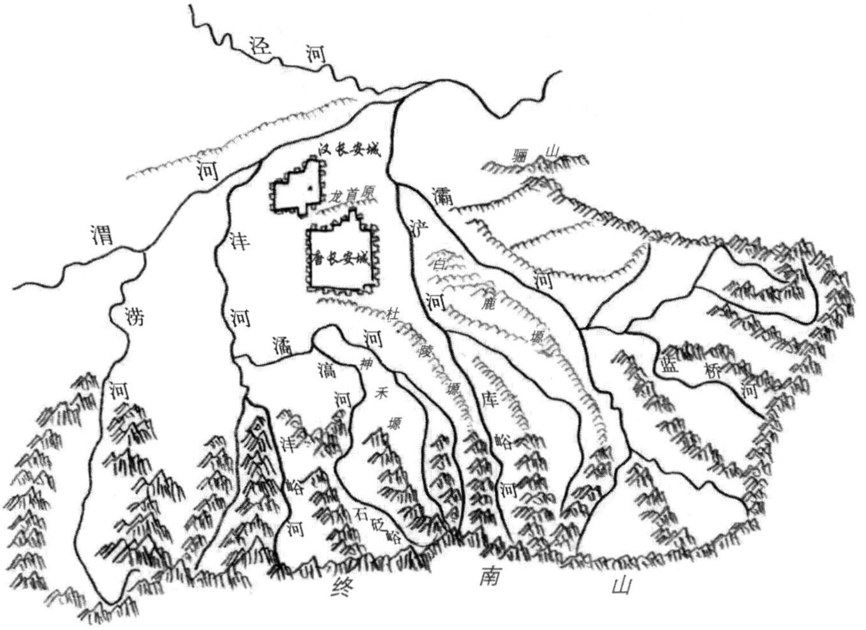

西安小盆地示意图

“长安城”这个名字延续甚长，除了西汉和唐两大王朝之外，前后还包括西周丰镐、秦咸阳城以及国都以后的城市史。洪武二年（公元 1369 年）三月，明朝政府改元朝的奉元路城之名，西安府（属陕西行省）。其后，“西安”就一直沿用此地名。概括而言，曾经以长安作为都城的王朝共有 17 个之多，长安作为都城的时间也长达 1077 年。

表 1　历时 1077 年的都城——西安(古长安)

序列	都名	朝代	建都年数
1	长安	西周之都	268 年
2	长安	秦之都	145 年
3	长安	西汉之都	208 年
4	长安	新莽之都	15 年
5	长安	汉(刘玄)更始之都	3 年
6	长安	赤眉之都	2 年
7	长安	东汉献帝之都	6 年
8	长安	晋惠帝愍帝之都	7 年
9	长安	前赵之都	10 年
10	长安	前秦之都	35 年
11	长安	后秦之都	32 年
12	长安	西魏之都	23 年
13	长安	北周之都	25 年
14	长安	隋之都	26 年
15	长安	唐之都	266 年
16	长安	齐(黄巢)之都	4 年
17	长安	大顺(李自成)之都	2 年

1. 西周丰镐

关中地区作为都城，最早可以追溯到西周（公元前 1027 年

—公元前 256 年）。西周的统治中心在岐山下的周原（今宝鸡市的岐山、扶风两县接壤地区），是周人的发祥之地，也被认为是中华民族文明发祥地之一。距今 3000 多年前，在这一区域建立了镐京，是全国的政治、经济中心，在中国古代都城发展史中占有极其重要的地位。

据《史记·周本纪》记载：文王死于武王二年（公元前 1058 年），武王三年（公元前 1057 年）周人自岐下东徙，于沣河西岸做丰邑。此即为西安地区作为都城之位的开始，也是西安地区有记载以来大规模建城的开始。西周的丰镐是中国历史上第一座规模宏大、布局整齐的城市，位于西安西南沣河的两岸，其中，丰京在西（沣河西岸的马街道一带），镐京在东（沣河东岸的斗门街道一带）。尽管丰、镐是两个城的代称，但是根据考古发掘，发现在这两城之间有桥梁相连，这说明其实这两个城可能始建的时间不同，但也可能是一个城市的不同分区。在一定时期内是属于一个城市，丰镐也可指代一个大的城市，后世往往丰镐并称。

周人将都邑由岐周迁到丰镐，依据丰镐有利的地理条件。而且在其后的西周王朝 300 多年时间内，一直以镐京为首都所在。这是由镐京所在的地理区位优势所决定的。首先由于关中平原之间的山麓地势平坦，更加适合耕种，以及大规模的人口

西周时青铜牛尊

聚集生活，其次迁都的另外一个考虑是完成灭商夺取天下的大业，需要一个掌控整个关中和天下的立足之处,并且交通便利,有利于东进。丰镐满足这些条件，不仅可以作为夺取中原的据点，而且足以担负起统治天下的重任。

2. 秦咸阳

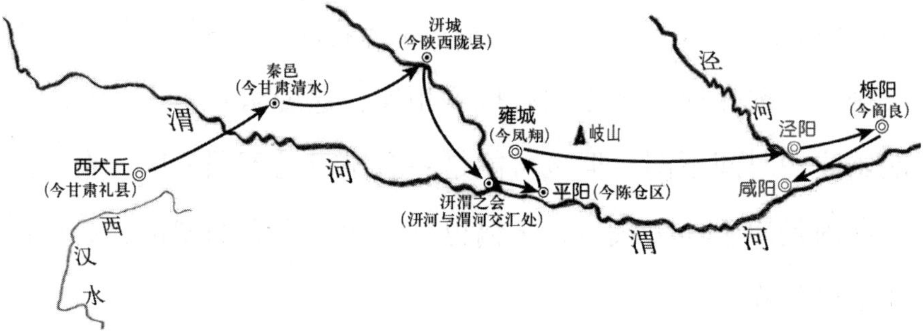

秦人都城迁徙图

秦都咸阳的位置，是经过历代秦人不断开发，审时度势以适应政治军事形势需要而做出的战略性选择。秦人东进、最终定都咸阳，经历了一个漫长的探索开拓过程。这一过程是在对周围世界不断认识的前提下，对于整个版图统一规划，不断做出最优选择的过程。

据《史记·秦本纪》记载："在西戎，保西垂。"这里的西戎指的就是秦的先祖，这一支在商代末期，归于周室，迁居渭水上游的天水地区，成为周王室镇守西部边境的部族。这支部族在秦人同西戎的斗争中逐渐发展壮大起来，庄公之子襄公立二年，"徙都汧"。济城成为秦人由陇西涉足关中后所建立的第一个都邑。随后，秦人开始了对关中诸戎的征伐，在此过程中，不断地向东开拓国土，而都邑也随之逐渐东移。秦文公三年（公元前763年），"文公以兵七百人东猎。四年，至济渭之会……乃卜居之，占日吉，即营邑之。"建立了秦人入关后的第二都邑。其后秦宪公承文公之位，秦宁公二年（公元前714年），乃东越研河，"徙居平阳"，建立了秦人入关后的第三个都邑。秦德公元年（公元前677年），"初居雍城大郑宫"，其后至献公二年（公元前383年）东迁栎阳，秦孝公十三年（公元前349年）徙都咸阳，秦人都雍城294年，建都时间最长。前384年，秦献公为东部的防务，修筑栎阳城。秦孝公（渠梁）十二年（公元前350年），秦人出于多方面——咸阳，次年，便从栎阳（西安市阎良区东）回迁过来。《史记·秦本纪》记为："作为咸阳，筑冀阙，秦徙都之。"

秦人通过一次次改革、扩张、迁都，历经500余年，从为周朝镇守边陲的山地部落，转变为逐鹿中原的强大国家。这同帝王卿相审时度势以适应政治军事形势需要，不断选择在地理环境上最为适合向东部扩展的地区作为政治军事中心有莫大的关系。秦定都咸阳就是秦人在变法图强，欲东出函谷关逐鹿中原形势下做出的理想选择，这开启了秦吞并六国、统一天下的宏图伟业。

统一六国后，由于秦都的人口不断扩大，将本来“南临渭水”的局面扩展到了渭河南岸的广阔地带。这样“渭水贯都”咸阳就成为横跨南北的大都市。这一过程同西周丰镐二京隔沣水相对贯穿成一城的形制有形似之处。这种形制在其后西汉长安城的设计建设过程中也有所体现。由此可以看出，秦都咸阳上承西周沣镐，下启西汉长安城，在西安古都发展历史中扮演着继往开来的重要角色。

咸阳城由商鞅主持修建而成，自秦孝公十三年（公元前349年）秦国迁都于此，到秦朝灭亡，在这100多年的时间内，从秦只是战国偏居关中的七国之一，到秦成为歼灭六国雄霸中华的秦帝国，咸阳始终作为中原大地政治舞台的中心，演绎着一幕幕脍炙人口、流传千古的悲喜剧。

商鞅最初兴建的咸阳城，位于今咸阳市东10千米渭城区窑

店街道附近。渭水北，九嵕山亘南，按中国人的阴阳观念，具有“山水俱阳”的地理特点，故名咸阳。秦都咸阳建都至今，经历沧桑巨变 2000 余年，今天我们很难在原有的位置上寻觅到其当日的辉煌。随着考古研究的不断深入，学者们已经基本确定了其大致范围：北至望夷宫，地在今底张街道眭村一带；南至上林苑，以终南山为界；西界在渭北至杜邮亭，地在今渭城街道龚家湾一带，在渭南至上林苑西端，地在今周至县终南镇一带；东界在渭水北至泾渭之交（含兰池），在渭水南至上林苑东端，地在今西安东南曲江池一带。咸阳在渭水以北有宫殿区、官署区和平民居住区（含作坊区）等。在渭水以南有阿房宫、兴乐宫、信宫（极庙）、甘泉宫、章台和上林苑等组成的宫庙园林区。

阿房宫

2000余年后的今天，当考古学家惊喜地发现秦始皇陵墓中的几个陪葬坑时，世人为之叹服，惊呼其为世界第八大奇迹。大家是否可以推想，秦始皇死后，都为自己设计了如此宏伟的宫殿，那他生前所居住的咸阳城会是如何一番景象呢？显然，要比我们看到的始皇陵墓，壮观百倍不止。只可惜我们现在只能在古代历史史料的文字中遐想咸阳城阿房宫昔日的辉煌。项羽为了泄愤将其付之一炬，这种做法是否是亵渎古代劳动人民的成果呢？

3. 西汉长安

西汉长安城位于今西安城西北大约10千米，渭河以南、龙首原北麓，与秦咸阳的渭河相望。司马迁曾说："长安故咸阳也"，可以看出，长安本来是咸阳的一部分。汉高祖刘邦五年（公元前202年），开始把"长安"之名冠以都城之意。西汉初年关于定都问题也曾有过一场争论。当时，许多人主张定都洛阳，刘邦本人也十分中意洛阳，但他最终接受娄敬和谋臣张良建议，决定定都关中。可能由于咸阳曾为秦的首都，阿房宫又已经过项羽的焚烧，遍地灰烬，所以汉朝廷最初设在秦旧都栎阳（位于今临潼区东北）。到公元前200年和公元前198年，长乐、未央二宫先后建成，才徙至长安正式为都。那时只有宫城，到惠帝刘盈元年（公元前194年）才开始修筑外郭城。由于先有宫城后修郭城，因此郭城城垣随宫殿建筑群而曲折，北城轮廓像北斗星群的形状，南城轮廓像南斗星群的形状，故过去又把汉长安称为“斗城”。

刘邦

汉高帝五年（公元前202年）正式定都长安。汉高帝刘邦委任萧何负责都城的营建工作。萧何首先以秦兴乐宫为基础，兴建长乐宫作为皇宫，接着又在秦章台的基础上兴建了未央宫，并在长乐宫和未央宫之间修筑了武库，又在长安东南修建了太仓。长安城实际是在秦兴乐宫和上林苑基础上重新设计、布局而建设起来的，是秦咸阳宫的继续和发展。西汉长安城城墙的建筑则是在惠帝时期，自惠帝三年（公元前192年）春至惠帝五年（公元前190年）九月，汉王朝先后三次征集全国各地男女劳力修筑长安城，从而使汉长安城初具轮廓。武帝时，又在城内修筑桂宫和明光宫，在城西修筑建章宫，最终确定了汉长安城的布局形式。《三辅黄图》记载“周回六十五里，城墙高三丈五尺，下阔一丈五尺，上阔九尺”。

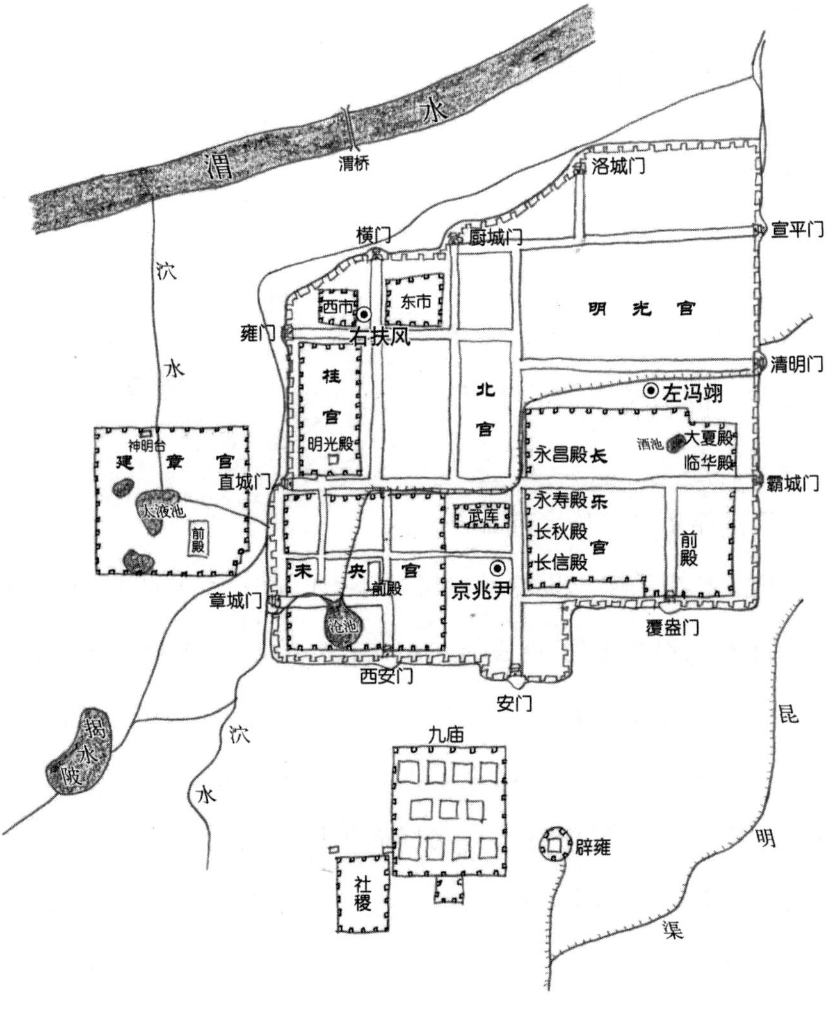
渭水
渭桥
洛城门
横门
厨城门
宣平门
沉水
西市
东市
右扶风
明光宫
雍门
清明门
桂宫
北宫
左冯翊
神明台
建章宫
明光殿
永昌殿
长
酒池
大夏殿
临华殿
直城门
霸城门
太液池
前殿
武库
永寿殿
乐
长秋殿
宫
长信殿
前殿
未央宫
前殿
京兆尹
章城门
沧池
覆盎门
西安门
安门
揭水陂
沉水
九庙
昆明渠
辟雍
社稷

西汉长安城图

西汉长安城规模宏大，布局精巧。作为封建王朝的首都，在形制上与后来都城的工整严密颇为不同，城墙呈不规则形。据考古发掘，南墙中部南凸，东段偏北，西段偏南；西墙南、北两段错开；西北部分曲折延伸；只有东墙完整平直。这种现象特别引人关注。《三辅黄图》曰：“城南为南斗形，北为北斗形，至今人呼汉京城为斗城是也”，认为是有意模仿天象。故汉长安有“斗城”之名。将北斗七星、勾陈、北极、紫微右坦星座连接起来，与汉长安城形状惊人相似，几个特殊的关键部位，正是星座的位置。南端突出处为天玑所在，建章宫独立于西南，正是开阳、摇光的连接部分，西北曲折城墙与太子、勾陈连线吻合，天璇、天枢与勾陈（北极星）三点一线已被天文学证实，在天文观察中，沿着天璇天枢的方向，即可找到北极星，和东墙的平直完整相一致。更令人惊奇的是，连接安门、清华门、宣平门、洛城门、厨城门、横门、雍门、直城门的八条大道也基本相同，甚至主要宫殿、市场的大小比例也基本符合。

4. 唐长安

唐长安城原为隋代的大兴城。隋文帝开皇元年（公元 581 年）代周称帝，沿袭西魏、北周之旧制，都于西汉所创建的长安城。但由于汉长安城沿用了已经 780 年之久，破烂不堪，据

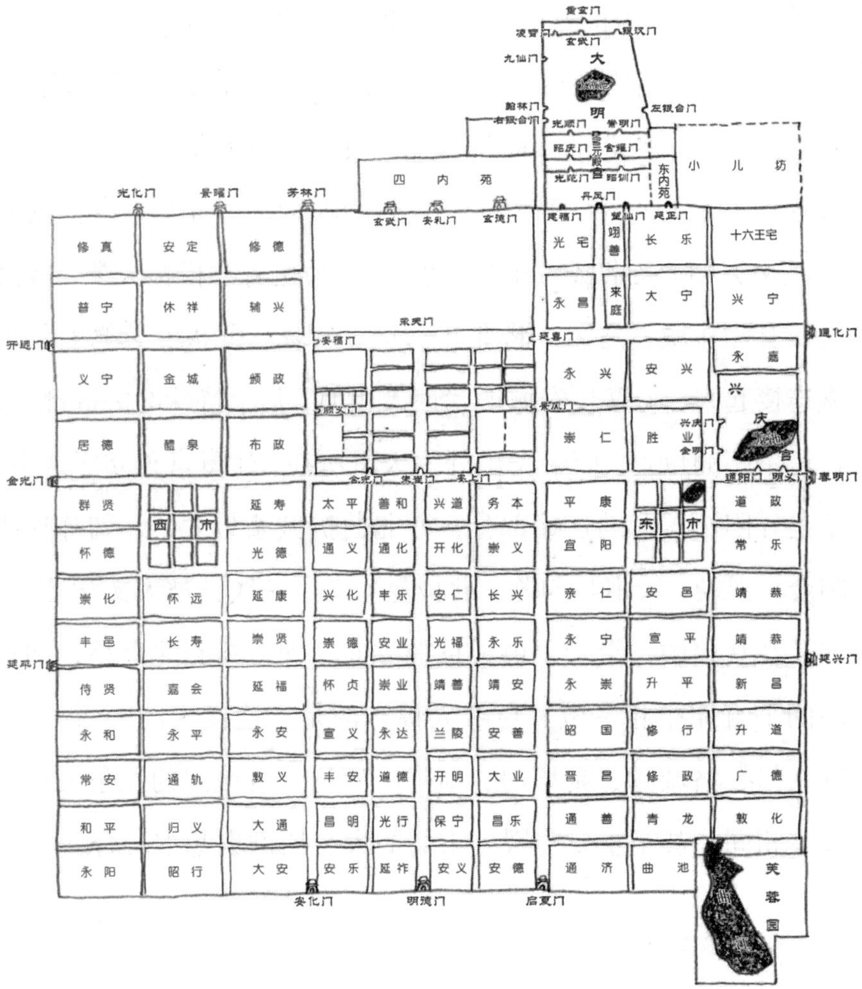
重玄门
凌霄门
银汉门
玄武门
九仙门
大明宫
翰林门
右银台门
左银台门
光顺门
崇明门
昭庆门
含元殿
含耀门
光范门
昭训门
东内苑
小儿坊
四内苑
丹凤门
光化门
景曜门
芳林门
玄武门
安礼门
玄德门
建福门
望仙门
延政门
修真
安定
修德
光宅
翊善
长乐
十六王宅
普宁
休祥
辅兴
永昌
来庭
大宁
兴宁
承天门
开远门
安福门
延喜门
通化门
义宁
金城
颁政
永兴
安兴
永嘉
兴庆宫
景风门
顺义门
居德
醴泉
布政
崇仁
胜业
兴庆门
金明门
金光门
含光门
朱雀门
安上门
通阳门
明义门
春明门
群贤
西市
延寿
太平
善和
兴道
务本
平康
东市
道政
怀德
光德
通义
通化
开化
崇义
宣阳
常乐
崇化
怀远
延康
兴化
丰乐
安仁
长兴
亲仁
安邑
靖恭
丰邑
长寿
崇贤
崇德
安业
光福
永乐
永宁
宣平
靖恭
延平门
延兴门
待贤
嘉会
延福
怀贞
崇业
靖善
靖安
永崇
升平
新昌
永和
永平
永安
宣义
永达
兰陵
安善
昭国
修行
升道
常安
通轨
敦义
丰安
道德
开明
大业
晋昌
修政
广德
和平
归义
大通
昌明
光行
保宁
昌乐
通善
青龙
敦化
永阳
昭行
大安
安乐
延祚
安义
安德
通济
曲池
芙蓉园
安化门
明德门
启夏门

唐长安城图

《隋唐嘉话》记载："隋文帝梦洪水没城，意恶志，乃迁大兴城。"次年，在汉长安城东南 10 千米处龙首原南侧的平原上，由宇文恺主持营建新都，名大兴城，开皇三年（公元 583 年）迁都大兴城。公元 618 年，原隋太原留守李渊在大兴城废隋恭帝自立，建立唐朝，改大兴城为长安城。唐初因隋之旧，对长安城的建制、坊市街道等布局，没有做太大的改变。长安城平面呈长方形。东西长 9.6 千米，南北宽 8.6 千米，周长 36.7 千米，面积 84 平方千米。唐长安城是我国历史上规模最为宏伟壮观的都城，它的面积是汉长安城的 2.4 倍，明清北京城的 1.4 倍。比同时期的拜占庭帝国都城大 7 倍，是当时世界上最大的城市之一。

在营建长安城的过程中，宇文恺运用《周易》的思想理论进行了城市建设布局。在长安城规划区域内以六条东西向横亘的黄土梁，代表《周易》卦象的六爻。乾卦为后天八卦之首，代表阳。宇文恺以乾卦的六爻格局形式布局长安城的重要区域的建筑物，例如：宫殿、皇城、重要寺庙等。

根据陕西师范大学李令福教授的研究：宇文恺把从北向南第一道高地称初九，为龙首原黄土梁，是广义龙首原向西延伸的正脉，后来也称作龙首原。这里地势相对较高，汉代时未央宫前殿就建立在原上。隋代遵循《周易正义》的原意，没有在原上建立重要宫室，因为其卷一曰："上九：潜龙勿用。"当然，如此地方还是要特别重视的，于是就专设皇家禁苑，把整个狭义的龙首原连同其北部到达渭河的广大地方都圈占进来，成为皇家的后花园。而大兴城的北城郭线就从初九高地的南缘通过。第二道高地即九二，为劳动公园黄土梁。因为《周易》乾卦卦辞说“九二”是“见龙在田，利见大人”，象征着“真龙”出现在地上。因此，就要在“九二”高地上布设宫殿，“以当帝王之居”。这就是太极宫城的设置。太极宫城东西长 2 千米，南北 1 千米有余。由于九二高地偏于宫城的南部，所以其正殿太极殿就布设在正中偏南处。第三道高坡即九三，为槐芽岭黄土梁。在宫城之南，被认为是“君子终日乾乾，夕惕若厉”的地方。把政府机关安排在这里，自然可显示文武百官效忠皇帝努力工作的情况。因此，集中了行政办公机构的皇城，就布置在紧靠宫城的南侧。宫城、皇城占据有利地形，又与市坊隔离，除考虑防御安全外，也有便于

飞龙在天

工作的意义在内。文献所谓“自两汉以后至于晋、齐、梁、陈，并有人家在宫阙之间。隋文帝以为不便于事，于是皇城之内惟列府寺，不使杂居，公私有辨，风俗整齐，实隋文之新意也”就是说的这种创新。根据《周易》的理论，“九五”高地是“飞龙在天”的地方，位置特别尊贵，一般人居住不得。因此，宇文恺有意把玄都观和大兴善寺安排在“九五”高地上，作为供奉神圣的场所。大兴善寺现仍然存在于西安雁塔区小寨西北角，正位于朱雀大街东侧，隋时范围很大，占据靖善坊一坊之地。隋代大兴善寺地位很高，从其名称“以其本封名焉”，即以隋文帝初封的《大兴公》来命名，还有位居九五之地、范围广大这些来看，就可一清二楚。其西侧朱雀路对面应该是同占一坊之地的玄都观所在。“九五”高地的东部，南有乐游原，北有胭脂翡翠坡，是隋唐长安城中的著名之区。乐游原海拔 450 米，是城内地势最高的原头，登上原顶可以俯瞰全城风光，“京城之内，俯视指掌”。宇文恺在原南侧建立灵感寺，用于追祭修城时搬迁坟墓主人们的幽灵，这就是后来唐代著名的青龙寺。而对原面却基本不做处置，空下来供给京城市民登高游乐之用。胭脂翡翠坡在今西安交大校园范围，是隋唐长安城歌妓的集中居地之一。上九是大雁塔黄土梁，隋代也设寺观于高岗，唐初发展成著名的大慈恩寺，今存大雁塔即唐时的建筑。除了皇宫、政府机关、重要寺观占据大兴城内的高地之外，达官贵人也竭力向地势爽垲的岗阜发展。唐朝天宝年间，大臣康就在新昌坊营建私第，自辨图阜，以其地当出宰相。每命相，必引颈望之。宅卒为僧孺所得。这种利用高地布设重要建筑物的特点，既可表现建筑的宏伟壮观，又增加了城市的立体空间。如果把隋大兴城内的建筑物绘制成立体透视图，则高低错落的建筑艺术特色十分明显，那就是宫殿最高，政府机关次之，寺观和要人住宅又次之，最下层是一般居民的住宅。不难看出，整个大兴城的建设立体空间感强烈，层次分明，实在是一幅壮丽的不朽画卷。本来高低不平的地形对都市建设来讲并不有利，但经宇文恺如此设计以后，反而为大兴城增添了不少光辉。

表 2　帝都长安的都城基本信息

朝代	都名	城池形状	城池面积	户口数量	迁建都城时间
西周	丰镐	不详	不详	不详	前 11 世纪中叶到前 771 年
秦	咸阳	不详	不详	约 50 万	前 349 年至前 207 年
西汉	长安城	斗城	约 36 平方千米	约 80800 户	前 200 到 23 年
隋	大兴城	长方形	84.1 平方千米	约 308499 户	582 年到 618 年
唐	长安城	长方形	83.4 平方千米	约 120 万	618 到 903 年

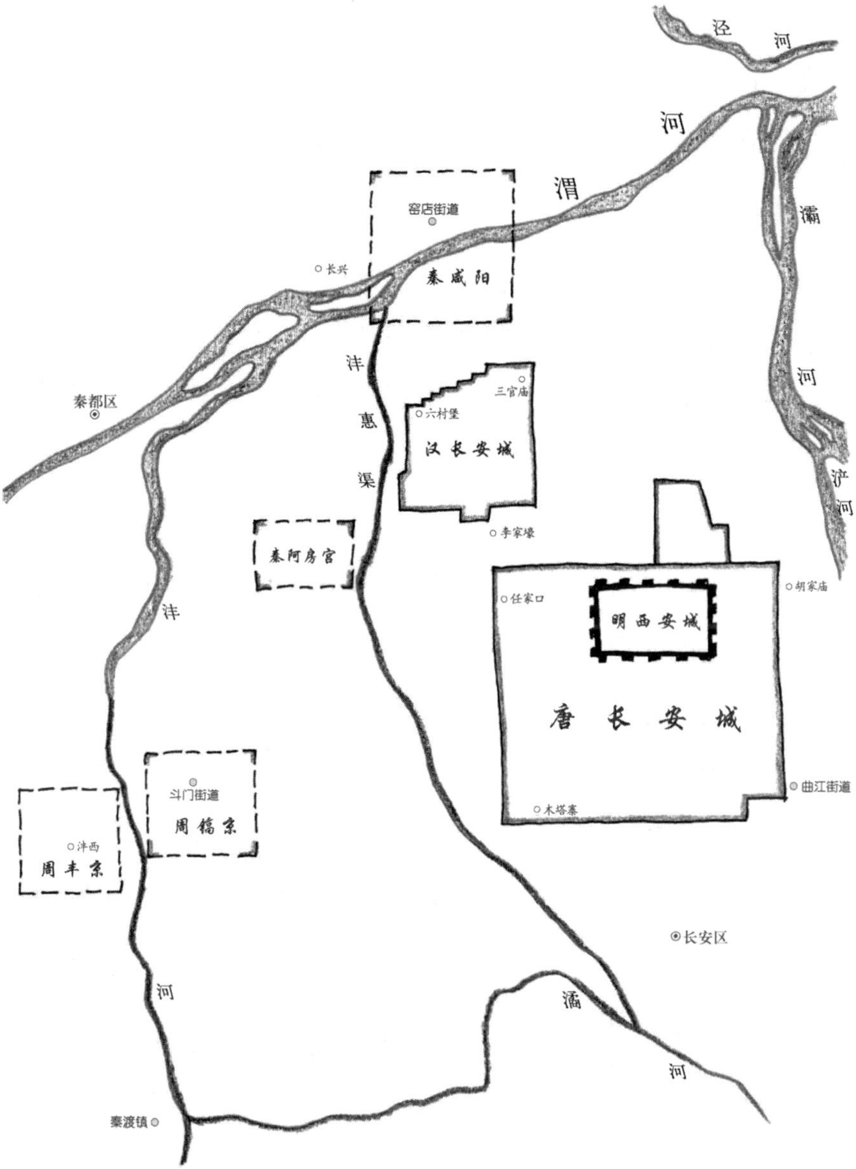

周秦汉唐建都位置变化图

周秦汉隋唐五代四城，由于隋大兴城、唐长安城选址基本一致，我们姑且看为一城。丰镐在西南，咸阳在西北，汉长安城在东北，隋唐都城在东南。将这些都城的选址按照先后顺序贯穿起来可以看出，其都城选择和迁建过程，是按顺时针方向转下来的，形成了一个圆圈。这个圈的范围看作是关中平原最为核心的区域。这是千百年来先辈在实践中总结的结果。这足以说明这个区域在我国历史上重要的地位以及关中平原及其核心区地理位置及其条件的优越性。

在历史上长安城不仅长时间作为我国政治、经济、文化中心。而且用全球视角来看，西汉张骞凿空西域，以长安作为享誉中外的丝绸之路连接欧亚大陆的东端都市，成为引导游牧民族与农耕民族接触交流并互相融合的重要纽带。在世界历史的舞台上有重要的地位。

第二节　帝王谷

古都长安，是众多古代帝王执政、生活之地。而长安周边风水圣地，自然成为帝王死后长眠的最佳选择。关中这块土地上埋葬着不知多少位帝王，正所谓“八百里秦川，处处埋帝王”，“南方的才子北方的将，陕西的黄土埋皇上。”在这片土地上，主要集中分布着三个王朝的墓葬群：秦始皇陵、西汉墓葬群、唐墓葬群。

1. 秦始皇陵

1974年春天，陕西省临潼县的西杨村遇大旱，西杨村生产队在挖井的过程中，发现了规模庞大的皇陵兵马俑陪葬坑，从而使秦始皇陵重新出现在人们的视野内。

这座旷世神迹，自秦始皇13岁便开始修建，一直持续37年。公元前210年秋，秦始皇下葬于自己修建的骊山陵墓中。在外观上远视，这座雄伟的陵墓像一座土丘，经过两千多年的风雨侵蚀，现存高度为76米，而这只不过是其上部的封土，而真正享誉世界的陵寝是封土之下的地下宫殿。

陵墓的修建无疑可以反映一代帝王对于生死问题的看法和思考。千古一帝的秦始皇在这一问题上，就表现出了平凡之人的矛盾心理：一方面，他期盼自己可以长生不老，统治自己一手开辟的旷世帝国，于是就发生了流传千古的徐福东渡寻长生药、求长生之术的传说；但另一方面，面对长生问题，他自己其实也只是抱有极小的希望，知道自己必有一死，必归于地下陵寝。于是早在13岁时，就为自己死后的去处开始筹划，并选定骊山修筑陵墓。

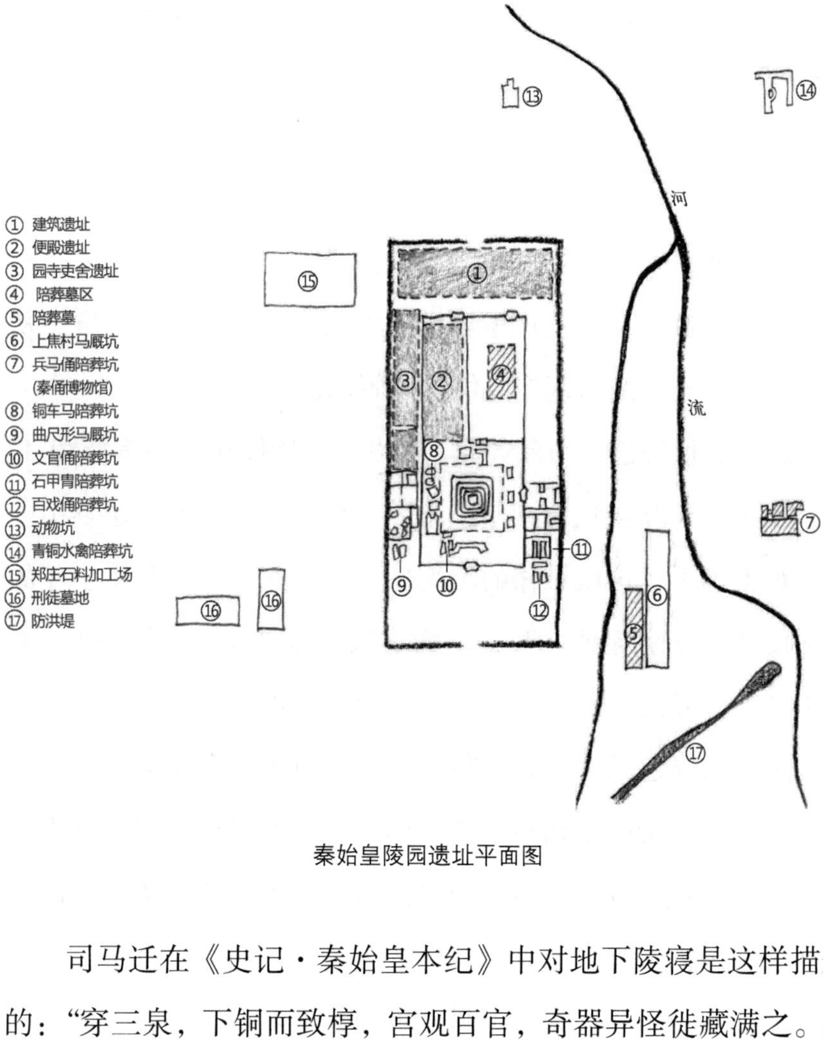

秦始皇陵园遗址平面图

司马迁在《史记·秦始皇本纪》中对地下陵寝是这样描述的："穿三泉，下铜而致椁，宫观百官，奇器异怪徙藏满之。以水银为百川江河大海，机相灌输。上具天文，下具地理，以人鱼膏为烛，度不灭者久之。"凭借现代科技的支持，我们可以在不打开陵墓的前提下，对陵墓内部结构做出推测。而对于这座帝王陵墓内部的具体样貌，无论有多么宏伟壮丽，我们也只能从古人的只言片语中进行推想。

现在呈现世人面前的兵马俑是秦始皇的外部陪葬品。这冰山一角已经使世界惊叹其为世界第八大奇迹。由此设想，如果将陵墓的整体揭幕于天下，人们又会是何种感慨？

秦岭遗址出土的文物

始皇统一六国后，曾有言，“朕为始皇帝，后世以计数，二世、三世至于万世，传之无穷”。始皇的愿望是美好的，但秦却二世而亡。因此，秦也就只留下了这一处帝陵。但西汉却前后200余年，自高祖刘邦建国至王莽代汉，前后有皇帝十余个，帝陵11处。这些帝陵分布于都城长安的附近，其中除文帝霸陵和宣帝杜陵在今西安市东南的白鹿原和杜东原外，其余九座皆位于渭河北岸的咸阳原上，自东向西依次为：景帝阳陵，高祖长陵，惠帝安陵，哀帝义陵，元帝渭陵，平帝康陵，成帝延陵，昭帝平陵，武帝茂陵。大致看来，西汉帝陵分布于都城的南北

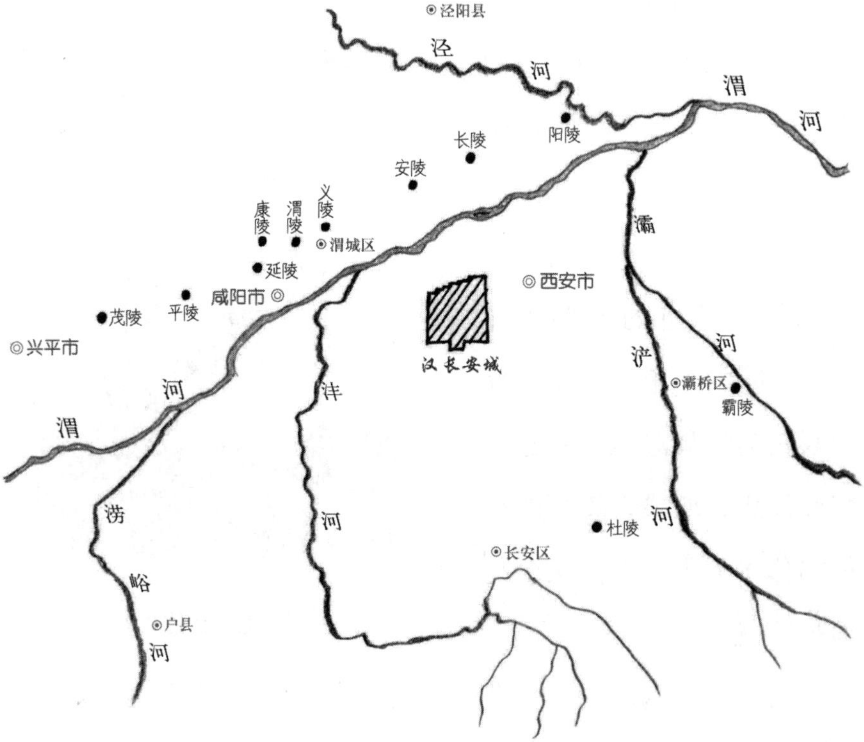

西汉帝陵分布示意图

两侧，有南、北两大陵区。北部陵区帝陵数量多，东西斜向分布，较为集中。南部陵区帝陵数量少，相对分散，一处在都城偏南，一处在都城东南，相距较远。西汉诸陵的形制略有不同，除文帝霸陵属于大型崖洞墓外，其余均为竖穴土圹墓。由此可知咸阳原在西汉帝陵选址中的特殊地位。金人赵秉文有诗云："渭水桥边不见人，摩挲高冢卧麒麟。千秋万古功名骨，化作咸阳原上尘。”透过这些坐落在原上的宏伟陵冢，人们仿佛可以穿越到悠悠千年前的大汉王朝，感受咸阳原的荣辱兴衰，聆听帝王们的丰功伟绩。

2. 西汉墓葬群

从西汉陵墓分布图中可以看出帝陵基本都分布在渭河以北的塬上。只有两座在长安城附近，这是由于皇家帝陵对于位置的选择极为严苛。在这数量庞大的墓群中最为著名的要数汉武帝的茂陵。

汉武大帝刘彻（公元前157年—公元前87年）的陵墓茂陵最为有名。汉武帝17岁即位，在位54年。茂陵是在其即位的第二年（公元前139年）开始修建的。在这一点上，武帝和大多数帝王一样，刚刚执政就用手中大权为自己死后寻一个好去处。茂陵的修建一共耗时53年之久，是汉代体积最大，

汉武帝刘彻

规模最为宏伟的帝陵，也只有秦始皇的骊山墓方能与之比肩，因此被西方学者称为“中国的金字塔”。

茂陵位于今陕西省兴平市东北原上，在南位镇的东南部。其北面远依九嵕山，南面遥屏终南山，东西为横亘百里的“五陵原”。此地原属汉时槐里县之茂乡，故称“茂陵”。茂陵高46.5米，顶端东西长39.25米，南北宽40.60米。“武帝遗寝峙荒墟，名将佳人左右扶”，茂陵周围有许多功臣贵戚的陪葬墓。西北有李夫人的英陵，东有霍去病、霍光、卫青、金日磾、阳信长公主墓。关于茂陵选址有这样的传说：武帝即位不久在一次打猎的过程中，于茂乡附近发现了一只麒麟状的动物和一棵长生果树，他认定茂乡出此吉祥之物必为风水宝地，于是下诏将此地圈禁，营造陵墓。

这座宏伟的帝王陵墓耗费的人力物力更是超乎想象。根据《晋书》记载：“汉天子即位一年而为陵，天下贡赋三分之一，一供山庙，一供宾客，一充山陵。”由此可见，汉武帝大约动用全国赋税总额的三分之一作为建陵和征集随葬物品的费用，茂陵也成为汉代厚葬之风的典型代表。面对埋藏于地下宝藏，自西汉灭亡以来，不乏对其窥探者。历史上围绕茂陵比较有名的盗墓事件有：汉光武帝建武二年（公元26年），赤眉军退走长安，西行途中盗掘茂陵；汉献帝永平元年（公元189年），董卓遣吕布盗掘茂陵；唐僖宗中和元年（公元 881 年），黄巢农民起义军攻入长安，派兵盗掘茂陵。

茂陵马踏匈奴

而谈到西汉的陵墓，就不能不说一下由其延伸而来的陵邑。陵邑是以帝陵为中心建造的专供守陵、护陵和祭祀之用的特别行政区。西汉的陵邑始于高祖刘邦，当时设有万年、长陵两个陵邑。西汉初年，常年征战，百业凋敝。为了巩固新生的政权，西汉政府迁关东贵族豪杰设立陵邑。这一政策不仅对这些强大势力起到安抚、控制的作用，而且也充实了京都附近的人口。因其地理位置特殊，故而在西汉时期，在贯彻强干弱枝的基本国策方面，发挥着重要的作用。北上咸阳原，平地而起的帝陵，最容易映入人们的眼帘。五陵原就是在咸阳原上，因西汉王朝设立的五个陵邑而得名。这五个陵邑分别是：长陵邑，依靠汉高祖刘邦长陵而设；安陵邑，依靠汉惠帝刘盈安陵而设；阳陵邑，依靠汉景帝刘启阳陵而设；茂陵邑，依靠汉武帝刘彻茂陵而设；平陵邑，依靠汉昭帝刘弗陵平陵而设。

3. 唐朝皇陵

唐朝政权共经历289年岁月。其间，陆陆续续共有21位皇帝执掌大权。本来应当有21座帝王陵墓，但由于女皇武则天与唐高宗是夫妻合葬，所以实际上共有20座。在这20座帝王陵墓中，除昭宗和陵及哀帝温陵两座陵墓外，其他18座分布在都城长安以北的渭北平原和崇山之间的地带，人称“关中十八陵”。以现在的行政区来说，关中唐陵分布在蒲城、富平、三原、礼

唐十八陵分布示意图

泉、泾阳、乾县等六县境内。蒲城境内有四座唐陵，即睿宗桥陵、玄宗泰陵、宪宗景陵和穆宗光陵。富平境内有五座唐陵：中宗定陵、代宗元陵、顺宗丰陵、文宗章陵和懿宗简陵。三原境内有三座唐陵：高祖献陵、敬宗庄陵和武宗端陵。泾阳境内有两座唐陵：德宗崇陵和宣宗贞陵。礼泉境内有两座唐陵：太宗昭陵和肃宗建陵。乾县境内有两座唐陵：高宗乾陵和僖宗靖陵。在这 18 座陵墓中，有 14 座依山而筑，这也是唐代陵墓修建的一大特点。另外四座则是堆土成陵。

昭陵是唐太宗李世民（公元 599 年—公元 649 年）的陵墓，位于咸阳市礼泉县九嵕山，是关中“唐十八陵”中规模最大的一座。昭陵工程是由唐代著名工艺家和美术家阎立德、阎立本兄弟精心设计的。其平面布局既不同于秦汉以来的坐西向东，也不是南北朝时期“潜葬”之制，而是仿照唐长安城的建制设计的。长安由宫城、皇城和外郭城组成。宫城居全城的北部中央，是皇帝起居的地方；皇城在宫城之南，为百官衙署（即政治机构）；外郭城从东、南、北三方拱卫着皇城和宫城，是居民区。昭陵开始营建于贞观十年（公元 636 年），是为埋葬临终前要求因山而葬、不起坟墓的长孙皇后而开凿。而陵墓依山而建，开创了唐代帝王陵寝依山为陵的先例。陵前的陪葬墓群为扇形，大概有 200 多座，其中有初唐诸王、公主们的墓葬，以及魏徵、李靖、李世勣、房玄龄、尉迟恭等功臣陪葬墓。著名的“昭陵六骏”浮雕原置于陵园北面祭坛司马门内东西两庑，现有四骏陈列于西安碑林，另外2骏流落美国。1979年昭陵博物馆建成。昭陵是全国重点文物保护单位。

昭陵六骏局部

乾陵位于陕西咸阳市乾县城北6千米的梁山上，是陕西关中地区唐十八陵之一，修建于公元684年，经过23年的时间，工程才基本完工。该陵为唐高宗李治（公元649年—公元683年）与武则天（公元690年—公元705年）的合葬墓，建成于唐光宅元年（公元684年），神龙二年（公元706年）加盖，采用依山为陵的建造方式。乾陵最著名的就是它气势磅礴的陵园

规划，以及地表上大量的唐代石刻。除主墓外，乾陵还有 17 个小型陪葬墓，葬有其他皇室成员与功臣。乾陵是唐十八陵中主墓保存最完好的一个，气势雄伟壮观。陵区仿京师长安城建制。梁山是圆锥形石灰岩山体，共有三峰，北峰最高，海拔 1061.5 米，乾陵就在北峰之上。梁山南面两峰较低，东西对峙，中间为司马道，故而这两峰取名叫“乳峰”。据史书记载，陵墓原有内外两重城墙，四个城门，还有献殿阙楼等许多宏伟的建筑物。勘探表明：内城总面积 240 万平方米。城墙四面，南有朱雀门，北有玄武门，东有青龙门，西有白虎门。

乾陵

关于乾陵陵址的选择情况，文献上没有什么记载。但在乾陵一带有一种传说：唐高宗末年，委派才艺很高的先生——李淳风和袁天纲给他选择葬地。李淳风来到梁山，登上峰顶，选中了这个地方，埋下了一枚铜钱，作为记号。不久，袁天纲也登上梁山之巅，观望一阵之后，对这个地方也很中意，便拔下头上的发针，插入地面作为记号。奇怪的是，这根发针不偏不斜正好插入铜钱的孔心。高宗李治对此十分赞赏，便决定把陵墓选在此地。

但乾陵陵址的选择，并不是唐高宗生前所为，而是在他死后由武则天为他确定的。据文献记载，乾陵的营建工作是从唐高宗去世后开始的。弘道元年（公元 683 年）十二月四日，唐高宗死于洛阳宫之贞观殿。遗诏太子柩前即位，“军国大事有不决者，取天后处分”。十二月六日，太子李显即位，是为中宗；武则天以皇太后的身份临朝称制，即着手为唐高宗修建陵寝。按照唐朝的礼制，帝王陵墓的具体位置要通过勘舆的办法来选择。唐高祖的献陵和太宗的昭陵都是经过勘舆选定的。由于高祖、太宗的陵寝皆在关中，因此武则天照例派出卜陵使前往关中堪舆。经过认真比勘，最后选中了梁山。武则天遂决定在梁山为唐高宗修建陵寝。

按帝王陵建造的时间跨度分为：一是华夏始祖陵寝，如宝鸡炎帝陵、合阳帝喾陵等；二是西周王陵、战国秦公陵等先秦王公陵墓；三是统一封建王朝的皇帝陵，如秦始皇陵、西汉 11 帝陵、隋泰陵与渭北唐 18 陵等；四是分裂割据时期封建政权王陵，如散布在咸阳原和彬县、富平、高陵、白水诸县区的十六国前赵刘曜之父的永垣陵（白水）、前秦苻坚墓（彬县）、后秦太祖原陵和高祖偶陵（高陵）；北朝的西魏文帝永陵和北周文帝

封土为陵

成陵（富平）、武帝孝陵（咸阳原）。帝王陵在选址过程中极为严格，考虑极多，由于选址和其他保护考虑，帝王陵营建的形制可分为“封土为陵”“以山为陵”。封土为陵的最具代表性的有秦始皇陵、西汉茂陵。以山为陵在唐朝最为兴盛，唐十八陵中有 14 座是这种形制。

第三节　英雄冢

“咸阳原上冢累累，具具白骨皆英雄。”陕西除了有唯我独葬的帝王陵之外，更有数不胜数的历代名人、将相陵墓点缀其间。如果说历代帝陵是光彩夺目的明月，那么散落在秦大地的无数名人墓就是明月旁的满天星斗。虽然一颗星星的光芒不足与明月相争，但无数的星星共放光辉就可以光彩夺目，横贯长空。一座座名人陵墓汇集到这历史的星河之中，他们照耀古今，重现昔日之风采。这里“文将”有惊天动地、泣血而成《史记》的作者司马迁，更有一代风流、忠胆为蜀的诸葛亮，有道教始祖老子，佛教大师玄奘，还有汉朝的萧何、张良，唐朝的魏徵、房玄龄；这里武将有“匈奴不灭，何以家为”的霍去病，还有秦将蒙恬、白起，汉将萧何、卫青，唐将郭子仪、李光弼等等不胜枚举。虽然，一位位历史名人早已随历史的云烟散去，只留下一座座默默无闻的孤坟，或享受世人的敬仰与膜拜，或湮没于荒草之中，人迹罕至。但悠悠岁月却难以磨灭他们的丰功伟绩，今日我们仍可以悼古惜今，感英雄之豪气。

关中地区古代英雄墓葬数量众多，依据葬者的身份，可分为陪葬墓、历代将相名人散墓葬等类型。陪葬墓主要依附帝王陵在特定区域呈现出“大分散、小集中”；历代将相名人墓葬以散点状分布为主。关中地区历史上将相名人辈出，其归葬地多选择其乡梓故里。王翦、王贲父子为秦频阳（今富平县）人，王翦墓位今富平县到贤镇纪贤村永和堡，王贲墓亦在富平美原镇千王堡；司马迁祠墓，位处今韩城市南 10 千米芝川镇南门外、黄河西岸梁山东麓，司马迁本人正是韩城龙门镇人；汉武帝时曾任丞相的公孙贺，汉北地义渠（甘肃庆阳）人，《彬志》载：“汉公孙贺故宅，在县西 12.5 千米，今呼孙村（水口乡）”，其墓亦在今毗邻庆阳的彬县水口镇祁家崖村；班固，汉扶风安陵人，墓在今宝鸡市扶风县张家沟村；马援，汉扶风人，墓在今扶风县城西伏波村；隋朝尚书牛弘、唐代宰相苏归，其墓葬皆在其故里（长武县相公镇和杨凌区西卜村）；唐太宗十八学士之一于志宁，京兆高陵人，墓在今三原县陵前镇兴隆村；令狐德棻，宜州华原（铜川市耀州区）人，墓在今耀州区杨河村；柳公权，京兆华原（耀州区柳家原）人，墓在耀州区让义村；宋代杨砺，今户县庞光镇杨家堡人，墓亦葬此处；寇准，华州下邽（今渭南市）人，墓在今渭南市官底镇左家村；北宋思想家张载，关中眉县人，曾讲学于眉县横渠，墓亦在今眉县大镇谷迷狐岭，同地所葬还有其父张迪、弟张戬；北宋四世名臣赵瞻为周至县二曲街道辛头寺人，墓亦在今二曲街道辛头村，在关中这块土地上孕育出很多这样的名人志士，在这里我们冠以英雄冢的称谓，以示对其敬仰和缅怀。

从这些名人墓葬的分布来看一般分为三类，第一种是环绕在帝王陵周围，作为陪葬墓。这一类大多是达官贵族。第二种是家族墓，以一个家族为中心集中分布，这一类基本都是关中本地的原始居民。第三种是个人选址，一般没有什么分布规律以个人习好选址，分布没有规律。

下面详细地介绍几位陕西的名人志士。

扁鹊墓，位于临潼区东 15 千米（今南陈村）。他是我国历史上最为著名的医生，是中医的代表人物，有关他的故事传说不计其数。著有《难经》二卷，擅长儿、妇、内、外、针、汤、导引等法。他对我国中医发展做出杰出的贡献，素有“国医之祖”“针灸祖师”等尊称，名列我国古代十大医学家之首。相传扁鹊为秦武王治病顽疾。秦太医李醯自知医术不如扁鹊，嫉其能，即暗使人把他杀害在回家的路上——骊山脚下戏水旁。秦国百姓闻之，无不痛惜，便将他埋葬在遇难之地南陈村。

司马迁墓在韩城市以南 10 千米，东临黄河，其墓葬选址是典型的落叶归根。司马迁是我国古代著名的史学家，其鸿篇巨制《史记》流传千载，在我国史学界和文学界有着崇高的地位，所谓之“史家之绝唱，无韵之离骚”。现在我们所看到的墓圆形，是元代修建而成的。墓前有清乾隆年间毕沅题“汉太史公墓”墓碑，上有古柏，蟠若蛟龙。在太史公墓第三台砖砌的牌坊上题有“河山之阳”四个字，系出自司马迁自传中“耕牧河山之阳”之句。

苏武也是在历史星空中璀璨的一颗，而他靠的不是战场上的厮杀，而是“威武不能屈”的气节。苏武墓，在武功县武功镇北龙门村。天汉元年（公元前 100 年），苏武奉命赴匈奴处被扣宁死不降成就苏牧牧羊的佳话传奇。《汉书》载：“单于愈益

欲降之，幽武置大窖中，绝不饮食。天雨雪，武卧积雪与旃毛并咽之，数日不死，匈奴以为神，乃徙武北海上无人处，使牧羝（公羊），羝乳乃得归。”千百年来，苏武精神一直被认为是中华民族崇高气节的典型。苏武墓为一圆锥形夯土堆，高约4米，南北约30米，东西20米。墓前有清康熙、乾隆和道光时的“汉典属国碑”“重修苏武墓门碑”等。

苏武牧羊

文臣靠著书立说留名，武将则凭赫赫战功垂史。霍去病便是此一时期的一代名将。霍去病墓，位于茂陵东侧，是典型的陪葬墓。霍去病是西汉著名军事家。元狩六年（公元前117年），他因病去世，年仅24岁。他的墓葬封土堆成祁连山形制，并且在墓葬前雕刻了一组巨型的石像。这组石像具有浓重的汉朝艺术特点，是汉代石雕的代表之作，其中以马踏匈奴石像最为著名。霍去病的墓葬形式完全为了彰显他对抗匈奴所做出的贡献。

1914 年的霍去病墓

他从 18 岁就开始随卫青出征疆场，先后六次出塞与匈奴作战。汉武帝元狩三年（公元前 120 年），他曾统率汉军越过居延泽，在祁连山与入侵的匈奴展开殊死大战，此战歼敌 3 万余人，俘虏匈奴王 5 人及单于阏氏、相国、将军等 120 多人，降服匈奴浑邪王及部众 4 万人，占领全部河西走廊。匈奴为此悲歌：“失我祁连山，使我六畜不蕃息；失我焉支山，使我嫁妇无颜色。”

相比于西汉，东汉国力有减，但并不是默默无闻。东汉时期的班固，历史上与司马迁并列。班固墓位于扶风县城关街道肖家村，而它本身也是扶风人，他的墓葬选址也是典型的落叶归根。班固（公元 32 年—公元 92 年）字孟坚，东汉史学家、文学家。传承家学，受父亲的影响极大。公元 54 年，其父班彪病逝，遗留下尚未完成的《史记后传》。他在居丧期间，熟读父

亲遗著，立志在父遗稿《史记后传》的基础上，撰写《汉书》。勤奋撰述，经过 20 多年努力，终于在章帝建初年间，撰写成了我国第一部断代史体《汉书》。《汉书》记述了自汉高祖元年（公元前 206 年），至新莽地皇四年（公元 23 年），共 230 年的历史进程，包括本纪 12 篇，表 8 篇，志 10 篇，列传 72 篇，内容丰富，语言精练，在我国史学和文学发展史上，具有重要的历史地位。建初四年（公元 79 年），章帝召诸王和诸儒于白虎观讲论《五经》，他根据其事，作《白虎通德论》。汉和帝永元元年（公元 89 年），大将军窦宪领兵征匈奴，他以中护军职随军参赞，获大胜，于燕然山刻石记功。后窦宪被劾自杀，他受株连被免官。时洛阳令种兢以私怨乘机报复，将他下狱，摧残致死，时年 61 岁。

班固

悠悠汉世，历时 400 余年，是我国历史上第一个壮气恢宏的盛世。其后历经魏晋南北朝几百年的战乱与纷争，中国历史终于在公元618年迎来了第二个盛世——唐朝。

中国历史上出过许多明君，在唐朝，太宗是一位。正是此一时期太宗的虚怀纳谏，才给魏徵提供了施展的舞台。魏徵墓，位于陕西礼泉县昭陵西南的凤凰山，墓依山凿石而筑，为昭陵陪葬墓之一，是典型的陪葬墓。墓前仅有蟠桃纹碑一通。据史书载，“帝亲制碑文，并为书石”。现碑身已经没有文字可看。魏徵以直谏闻名于世，前后向太宗陈谏200余事。最为著名的言论是“君，舟也；民，水也。水能载舟，亦能覆舟”的忠告。魏徵死后，赠司空，按一品官的礼仪发丧。唐太宗曾叹曰：“以铜为镜，可以正衣冠；以古为镜，可以见兴衰；以人为镜，可以知得失。魏徵，朕亡一镜矣！”

宋代哲学家张载，人称横渠先生，其墓位于陕西眉县横渠镇大振村。张载青年时学过兵法，曾想组织民间武装，抵抗外来侵略，收复甘肃洮西失地。但生平除在祁州、大梁、明州任职外，就一直在家中从事著述。因讲学关中，故其学派被称为“关学”。张载提出“太虚即气”的说法，肯定“气”是充塞宇宙的实体，由于“气”的聚散变化，形成各种事物现象。他批判佛、道两家关于“空”“无”的观点，是属于唯物主义的。并说：“造化所成，无一物相肖者。以是知万物虽多，其实无一物无阴阳者；以是知天地变化，二端而已。”猜测到事物对立统一

张载故里

的因素。其著作编入《张子全书》中。张载死后，他的学生把他埋葬在眉县城东南约 30 千米的大振村糊岭下，北依凤凰原，南对荞麦山，墓冢高达 5 米，底径约十米。墓前有碑楼一座，碑文略述张载生平事迹。墓地面积约 2.67 公顷，槲树成林，景象清幽。当地为纪念他，还在横渠镇街上修建了一座张子祠。祠内正殿五间，献殿、过厅、后殿各三间，颇显壮观。据现存碑记载称，祠于元仁宗延祐七年（公元 1320 年）重修，明、清以来也重修过多次。门前竖立“张子故里”碑石。唯祠的创建年代，无从考查。清代著名的横渠书院，曾经设在这里。

水利专家李仪祉也是值得指出的一颗明星。其墓位于咸阳城北30千米处泾阳县王桥镇寺背后村，占地面积约1.3公顷。墓坐北朝南，底部周长36米，高2米。1938年他逝世后，在西安参加追悼会的达万人之多，当灵柩运到泾阳陵园时，当地群众有5000人挥泪送葬。国民政府发了特令褒扬，称他“德器深纯，精研水利，早岁倡办河海工程学校，成材甚众。近来开渠、浚河、导运等工事，尤瘁心力，绩效懋著。”《大公报》发表短评，称：“李先生不但是水利专家，而且是人格高洁的模范学者，一生勤学治事，燃烧着爱国爱民的热情，有公无私，有人无我。”于右任为李仪祉手书的挽联：“殊功早入河渠志，遗宅仍规水竹居”，题写在墓园大门两侧。整座陵园苍柏葱郁，肃穆幽静。1992年李仪祉诞辰110周年之际，中国水利学会等各方单位和人士集资修建的李仪祉雕像，矗立在墓园正中。李仪祉纪念馆在2012年建成开放，该馆为纪念我国近现代水利先驱李仪祉先生，弘扬悠久三秦水利文化而修建的一座水利专业纪念馆。同时也是陕西省唯一的一座水利专业纪念馆，第一座水利专业博物馆。

杨虎城墓，位于长安区韦曲街道东南侧少陵原畔，距西安市 5 千米。杨虎城于民国二十五年（1936 年）12 月 12 日，与张学良在西安市东的临潼华清池扣留了蒋介石，这便是震惊中外的“西安事变”。张、杨二将军实行“兵谏”，要求蒋介石停止内战，与共产党合作，一致抗日。民国二十六年（1937 年）11 月，蒋介石把杨虎城由武汉骗到南昌，从此杨虎城被关 12 年之久，并于 1949 年 9 月在重庆被害。

长眠于关中大地之下的英魂还有很多，他们的事迹被我们铭记。他们也留下了宝贵的遗产，不仅仅是物质层面，更重要的是对我们社会的精神引领。这一节之所以要累述他们的事迹，是为了提醒今天的人们，当你们徜徉在各陵墓景区时，不要仅仅浏览古迹风光，他们留下的事迹精神更需要我们加以学习。这是对于我们这些生活在关中这块土地上的人们，对于祖辈奋斗的一点小小的敬意，也是见证关中历史文化传承的渊源所在。

第三章　灵气

秦岭横亘于中国中部，东西绵延 1500 千米，南北 100 至 150 千米，海拔多为 1500 至 2500 米，为黄河水系与长江水系的重要分水岭。北侧是肥沃的关中平原，南侧是狭窄的汉水谷地。本书所讲为狭义的秦岭，是指秦岭山脉中段，位于陕西省中部的一部分。秦岭之名始于汉代，又因位于关中以南，故名“南山”。山体雄伟，势如屏壁。《史记》中说：“秦岭天下之大阻也。”因此，有“九州之险”的称号。

《辞海》记载：“终南山，亦称‘南山’，即狭义的秦岭，在陕西省西安市南。古名太乙山、地肺山、中南山、周南山。秦岭山峰之一，主峰海拔 2604 米。”终南山为秦岭中段，此段山势尤为俊俏，山高谷深，素有“仙都”“天下第一福地”之称，被道教奉为洞天之冠。老子书《道德经》于楼观台，钟离权得道于终南等仙家故事不胜枚举。山高谷深的自然风光，加之神仙出没的仙道传说，为历代隐士争先向往之地，同时衍生出了关中道教不同的派系传承，经久长鸣至今。

道教中的“山岳崇拜”思想古已有之，其主要表现形式是对山岳神灵的崇拜。《黄帝九鼎神丹经诀》记载：“自古仙人及西王母皆得道，皆自山中成。”说明了道教的羽化成仙与山岳之间关系的重要性。道教基于这种思想的影响，认为山岳是求道者与“道”之间的中介之地，在这种教义的指导下，道教认为山岳与神仙之间存在一定的联系，人们可以像神仙那样入山修道，在深山之中修道羽化，或遇神仙指点得道。

秦岭这种山势如苍龙、谷幽似仙境的自然特性，加之自秦汉以来，钟离权、刘海蟾和陈抟等高道修行于此地，造就了秦岭仙山之美誉。有人说秦岭孕育了中国道教，是华夏道教之根，此种评价并非无从考证。

第一节 “道”落楼台——“道”之始

楼观台古称石楼山，属于终南山的一部分，地形为山前台原和浅山区，是道教发源地之一。南望楼台，犹如重重山峰相叠，翠竹相伴，道观相依。《大元重修古楼观宗圣宫记》称终南山古楼观为仙都和第一洞天，书曰“终南山者，中国之巨镇也。稽之古典，书大禹、诗小雅，皆所称美焉。亦曰中南，以其在

楼观台

天之中，居都之南也。至若盘地纪，承天维，奔走群仙，包滀玄泽，灵气浮动，草木光怪，则又为天下洞天之冠。故古名之闳衍博大真人以游以处，谓之仙都焉。古楼观者，真人尹喜之故宅，中南名声之尤者也。”

1. 老聃出函谷

老聃即老子，被道教尊奉为道祖，是道教最高尊神三清中的道德天尊。公元前 518 年，老聃守丧期满返周。公元前 516 年，周王室发生内乱，内乱中叛军战败，败退之时携周王室典籍逃亡楚国。老聃因典籍丢失，受牵连而辞旧职。这件事情之后，老聃归隐之心日重。夕阳西下，老聃拜别故国，骑一青牛，欲出函谷关，西游秦国。

说到这里，我们有必要对尹喜此人进行了解。据史料记载，尹喜是天水人，与老子同时代，善习天文、阴阳。尹喜任函谷令时，一日夜观天象，见东方紫云聚集，自语道："紫气东来三万里，圣人西行经此地。青牛缓缓载老翁，藏形匿迹混元气。"尹喜大喜，于是派人清扫道路四十里，夹道焚香，以迎圣人。不几日，东边忽见紫气缭绕，少时紫气之中出现一老者，倒骑青牛而来。此人不是别人，正是西出函谷关的老子，因二人志趣相合，"喜去吏而从之"，迎老子至楼观台问道。

2. "真经"问世

尹喜将老子迎至楼观台，问道于老子。老子遂以王朝兴衰成败、百姓安危祸福为鉴，溯其源，著上、下两篇，共五千言。上篇起首为"道可道，非常道；名可名，非常名"，故人称《道经》。下篇起首为"上德不德，是以有德；下德不失德，是以无德"，故人称为《德经》，合称《道德经》，又名《老子》。老子书完《道德经》，赠与尹喜，骑青牛西去，这就为日后老子化胡一事埋下了联想的空间。尹喜根据《老子》的思想做了进一步地阐发，撰写了《关尹子》九篇及《高士老子内传》。

尹喜与老子在楼观的这次合作，是道教传承和发展史上的一件大事。庄子特别赞赏二人是"古人博大真人"，并指出尹喜的学术风格是"静"和"清"，老子的特点是"虚"和"柔"。这些都是道家思想中最基本的范畴。后世尊老子为教祖，尊尹

老子

喜为温室真人和楼观道祖师，尊楼观为道教祖庭，都与老子西出函谷关以后和尹喜在楼观论道的学术研究有关。

尹喜接受老子《道德经》之后的行迹史书中没有明确记载。而在有关道教文献中，则进行了神话性质的描写，主要跟老子西去“化胡”一事有关。大意为：老子在楼观“升天”之后，尹喜继续研究《道德经》，三年后前往成都，与老子在青羊肆相遇。后随老子前往西域“化胡”成佛，尹喜成为佛祖，而老子则为祖师。

3. 楼观道教

楼观道派是直接继承黄老道并与后起的五斗米道、南北天师道结合而形成的道派，也是以道教圣地楼观为中心，主要流传于长安、华山一带。楼观道派始于尹喜，《楼观仙师传碑》记载：“楼观为天下道林张本之地，自文始上仙之后，登真之士无世无之，阅诸仙史，不一而足。”在道书中，尹喜被称为“九天仙伯文始先生无上真人”，楼观道派奉他为创始人。

在教义上楼观道强调“返璞归真”，以《老子》为根本经典，主张以性命清修为主，同时又以符篆召鬼神，为人解病。至北魏时，受寇谦之改革天师道的影响，已成为成熟的道派。

楼观道的组织形式，与其他道派有很大的不同，为典型的宫观道派。在宫观中，通常设有观主、法事、监斋三职，也有的增设上座、大德、直岁等职，以管理宫观事务。经过历代修建，至唐初，楼观已成为北方最大的道教丛林。隋唐以后，宫观制度推及全国。这种以宫观为单位形成的组织制度，实际继承了黄老道世代相传的传统。

唐以后楼观道地位下降，加以战乱毁坏宫观，道术不显。至元代又有中兴，并归全真道，清初入龙门宗。

4. 楼观道观

楼观台的道观营建据传始于先秦，到唐代达到鼎盛，现今楼观台所存遗迹基本都是唐时期形成的建筑。楼观台建筑最早要数先秦时期的尹喜所结之草楼，虽不可考，亦可当作一家之言参考。据史料记载，比较确定的最早建筑是秦始皇时于楼南建老子清庙，汉武帝时期又在楼北建尹喜祠，当为朝廷祭祀之所。到了西晋时期朝廷令增建殿宇，植树万株，并赐给田户三百，此后正式称为楼观。至隋唐时期，楼观道观庙宇修建达到了鼎盛。隋文帝时期不仅对道观庙宇进行了整修，并在说经台刻立了真、草、隶、篆四体《道德经》。李唐自开国以来，尊称老子为李氏祖先，对道教进行了毫不掩饰地尊崇。唐时对楼观的营建，最重要的是围绕更名宗圣观进行的扩建活动。随后楼观衰落于宋金，毁于宋末，振兴于今。现今可观赏的景点有说经台、大秦寺、延生观、宗圣宫等遗址。

第二节　全真中兴——“道”之兴

公元 1128—1140 年，金军三次进攻陕西，经过反复争夺，宋军终于退守秦岭（终南山）以南，宋金两朝以秦岭为界分治。

金人入陕之初，由于战乱，道观大量被破坏，道士星散。金统治者也没有奉道的传统，广大信徒亦对旧道教失去了信仰，由此刺激了新道教的产生。在钟离权、吕岩、陈抟、种放、张伯端、石泰等人新的道教理论影响下，在长安地区兴起了全真道，其创始人为王重阳。

1. 仙山之下

提起全真教，脑海里就会想起华山论剑中一战群雄的王重阳，诸多武侠里的画面不停地闪现在笔者脑海之中。那么武侠中武功超群的王重阳在历史中究竟是何许人也？试着揭开金庸先生武侠小说中王重阳的真实面纱，看看历史会给世人怎样的解释呢？

王重阳

王重阳是咸阳大魏村（今咸阳市秦都区双照街道）人，全真碑文记载其母孕24个月零18日生，这样的记载似乎与“非常人者，必有非同寻常之征兆”的论断相一致。基于这样的观点，王重阳先生似乎从胎中开始，已经注定其不同寻常的人生。加之“美须髯、大目，身长六尺余寸”的装裱，一代宗师的形象顿时映入脑海。

根据文献记载，一代宗师王重阳先生的求道之路似乎挺顺的，前后总共有三次得到仙人的指点。第一次遇仙是在公元1159年，遇仙地点甘河（今陕西西安市鄠邑区境内）。《全真教祖碑》记载宗师王重阳先生当时正在甘河镇（今西安市鄠邑区甘河镇）上的一家屠户家饮酒吃肉，与“两衣毡者”相遇，交谈之中甚得“二仙”看重，得授口诀，碑文中记载所遇二人为“二仙”。

第二次则在公元 1160 年遇仙于礼泉之上，《全真教碑文》所载此次所遇仙人与上次相同。这次遇仙，王重阳除了知道仙人来自哪里外，没有别的收获。第三次遇仙则是在“活死人墓”穴居时遇见的，这次最大的收获知道所遇道人是刘海蟾，并得到了指点。《全真教碑文》记载王重阳三次遇仙地点都位于终南山之下，这与王重阳于终南山下得道的说法是一致，最终创立了在道教史上具有里程碑意义的全真道教。

2. 甘河之畔

重阳宫位于陕西西安鄠邑区祖庵街道，其西边为甘峪河，距县城 10 千米，是道教全真派三大祖庭（陕西重阳宫，北京白云观，山西永乐宫）之一。享有“天下祖庭”“全真圣地”之盛名。

在这里需要提醒读者的是，重阳宫的创建者并不是王重阳本人，而是在王重阳仙逝之后其弟子为纪念恩师所建立。重阳宫始建于宋金时期，在元朝达到鼎盛，殿堂建筑共计约 5048 间，东至东涝峪河，西达甘峪河，南至终南山下，北近渭河，全真道徒往往云集于此，最盛时近万人。

这里笔者不由得会有一个问题，天下福地众多，此地既不是王重阳的出生之地，又不是当时全真教势力范围最大地带，重阳“七子”为何会选择此地作为全真教祖庭呢？带着这样的问题，笔者翻阅了有关重阳宫修建时的典籍，并对重阳祖庭周边的自然条件进行了考察，随后得出了以下猜想：

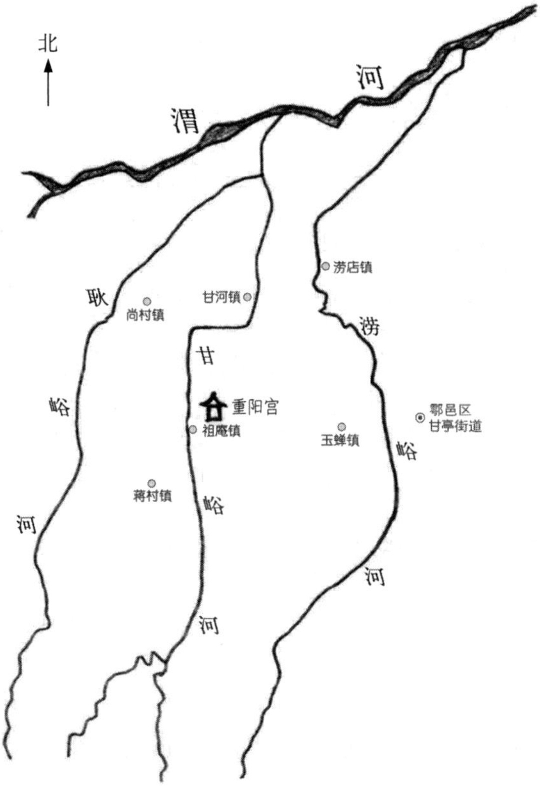

重阳宫位置图

第一，此地属于全真教龙兴之地，是祖师王重阳真正悟道之所。王重阳虽出生于咸阳大魏村，然而，道士大多追求的是精神上的重生，视精神上的顿悟为人生的开始，一朝悟道，此生方始。王重阳道教思想初步形成于此地，王重阳抗金失败后，掘地穴居，称之“活死人墓”，以方牌挂其上，书云：王害疯（王自称疯子）灵位。王重阳掘地穴居，其本意是为了创造一种与世隔绝、便于静修的特殊环境，他认为这样可以“隔断凡间”。在此期间王重阳形成了初步的教派体系，走出活死人墓后，王重阳开始以另一种方式实现自己的理想。

第二，群众基础好，有大量信众的支持。此地作为王重阳最早传播教派思想的地方，加之王重阳仙逝之后全真七子在此守墓三年，这段时间全真教在当地也发展了大量的信众。

第三，风水佳。道教风水属于道教思想体系很重要的一环，道教认为好的风水会有利于事物的发展。此地东临涝河、西依甘河、南靠秦岭、北至渭河，重阳宫夹于两河之间，仿有“二龙戏珠”之势同时又具备“前有流水，背有靠山”的风水格局，是一块不可多得的风水宝地。

明代以后，重阳宫开始衰落，规模逐渐缩小。现存的灵官殿、七真殿均为清同治十三年重建，建制和规模远非元代可比。现存有灵官殿、七真殿、重阳祖师墓、活死人墓和碑林等著名景点。

3. 全真道教

全真道教以王重阳为祖师，王重阳所创立的全真教更是将中国道教哲学思想推向了新的高度和更深的层面，不仅融合了儒家、佛教的思想和教义，更是“三教合一”的典范，提倡修心炼性以达到清心寡欲的境界，以苦己利人显示了其济人救世的宗教情怀，通过苦行、修心、清净去欲，最终飞升成仙。王重阳所提的“三教合一”思想，是从儒家经典当中吸取忠孝的观念，从佛教经典中吸取心性的学说，从道教经典中吸收清静无为的思想，将三者有机地结合在一起形成独特的“三教合一”的思想。

大定十年（公元 1170 年），王重阳去世，马钰成为全真教第二任掌教，丘处机、刘处玄、谭处端、马钰四人为王重阳守丧三年。大定十四年（公元 1174 年）秋，三年守丧期满，四人在陕西户县秦渡镇（今陕西鄠邑区秦渡镇）真武庙各名其志，分道传教修行。“全真七子”对全真教的传播与发展起到了至关重要的作用，在传教的过程中对全真教思想进行了更为深入地探讨，根据

丘处机

自己对教义的理解并创立了全真教下的不同派别。主要有马钰创建全真教遇仙派、谭处端创建全真教南无派、刘处玄创建全真教随山派、孙不二（女）创建全真教清净派、郝大通创建全真教华山派、王处一创建全真教箭山派和丘处机创建全真教龙门派。其中以丘处机创建的全真龙门派影响最大，对以后全真教的发展起着至关重要的作用。

第三节　太华仙境——“道”之隐

清人谢振定在《登太华山记》曾感叹说：“余游天下名山多矣，其壁立万仞，绝无依傍者，惟华山为然。综其端方正直之概，率以险见奇，以奇萃秀，人世间委琐龌龊之状，良不足语于斯。” 这里精辟地描述出了华山山形峭拔挺秀，奇峰若削的自然特性。《云笈七签·洞天福地》中讲：“第四西岳华山洞。周延三百里，名曰总仙洞天，在华州华阴县（今华阴市），真人惠车子主之。”表明华山洞是道教三十六小洞天中的第四洞天。加之汉代高恢，北魏寇谦之、王猛、唐司马郊、五代陈抟等人相继在此隐居或修炼传道。这些因素使得华山在道教徒心目中拥有崇高的地位。

1. 西岳华山

华山，古称西岳，又称“花”山或太华山。《山海经》曰：“其高五千仞，削成而四方，远而望之，又若华（花）状。西南有小华山也。”这句话精辟地描述出了华山山形峭拔挺秀、奇峰若削的自然特性。

华山为我国五岳之一，又名西岳，位于今陕西省华阴市。唐司马承祯确立五岳山岳祭拜模式，进一步确立西岳华山五岳的地位。华山范围有广义和狭义之分。广义上的华山包括华山五峰、皇甫峪和三公山、三凤山等山脉。狭义上的华山仅指由东峰、西峰、南峰、北峰和中峰构成的华山山体，此五峰为一块巨大的花岗岩，互为一体。

华山

华山山脉属于秦岭山系的北支脉，西岳华山则是华山山脉中俊俏挺拔、景色如画的高大山峰。在地质构造上，西岳华山是一块巨大的花岗岩体，属于太古代太华群古老变质岩系中的一部分。整个岩体东西长约 20 千米，南北宽约 7.5 千米，总面积大约 150 平方千米。古人对此进行过形象的记载：“凡广十里，十里一石也。其高五千仞，一石也。天以一石为一岳。”整个华山山体是由一块巨大的石头组成，堪称天下第一石。《华岳志》也对此进行了记载：“土地台在谷口，山皆石，而此地纯土，谷口修筑皆取土于此，因置土地台。”从文献可知华山构造为石质之山，很少有土质可以利用。

华山主峰如刀削斧砍一般，山势陡峭异常，远望华山山形呈现出平行四边形柱状，各主峰的倾角达 85 度以上，让人望而生畏。《山海经》曾形容华山为“削成而四方”，认为这种陡峭的山势只能是人工削出来的，也感叹大自然鬼斧神工般的技术。屈大均在《登华记》中对此做了生动的描述：“（华山）东削则仙掌出（仙掌崖），西削则水帘垂（水帘洞），南削而全真崖见（全真崖），北削其半，搦岭（苍龙岭）一脉贯之，以达云台，如斗之杓焉。”这些记载精辟地描述出了华山山形峭拔挺秀、奇峰若削的自然特性。

表 1　五岳名称、最高海拔等基本信息

山岳名称	其他称呼	最高峰	海拔
华山	西岳或太华山	南峰（落雁峰、松桧峰）	2154.9 米
泰山	东岳或岱岳	玉皇顶	1545 米
衡山	南岳或寿岳	祝融峰	1300.2 米
恒山	北岳	天峰岭	2017 米
嵩山	中岳	峻极峰	1491.7 米

2. 华山“风水”

道教基于“山岳崇拜”思想的影响，认为山岳是求道者与“道”之间的中介之地。然而天下山川遍布，何处才是道教徒理想的栖身修道之地呢？这便是道教徒所必须面对的问题。道教徒在选择适宜修炼之地时有自己自成体系的“择地”之法——“道教风水”。道教风水讲究“寻龙”之事，寻龙就是对山脉进行考察，山脉的起始方向、山脉的形态以及山脉起伏的变化，这些都对山脉的好坏具有重要的作用。《地理人子须知》中就对山脉的选择提供了标准，云：“真龙身上多护卫，山水有情来拱辑。”“只有真龙坐局内，乱山却在外围缠。”这里都是在说真正的龙脉融结穴场，一定会有护从、迎送等山。如《洞天福地岳渎名山记》中记载：“西岳华山岳神金天王，地肺山、女儿山为佐命，西城山、青城山、峨眉 山、翻冢、戎山、西玄具山同佐理。” 这里所描述的华山主脉犹如真龙坐于局内，地肺山、西城山缠于外围，这样的主脉才可称为道教风水学中的龙脉。

道教风水不仅对山做了要求，也对水提出了自己的标准，道教中的名山大川大都具备“前有流水，背有靠山”的风水格局。《西岳华山志》序中就对华山的山水格局进行了这样的记载：“夫太华者，坐抱三公，抗衡四岳，终南、太白却立而屏息，首阳、王屋不敢以争雄，目之于十八水府之数，则车箱有潭，东南有海，地脉潜通，载祀典而为常经。”这里则较为详细地描述出了西岳华山的风水格局，不仅说到了西岳华山的山势，也提到了西岳华山的水，以山为基，以水为引，共同构成了一块不可多得的风水宝地。

道教在寻求理想修炼之地时，运用道教风水学中的若干理论和标准对天下山川进行筛选，西岳华山不失为一处修行的宝地。

3. 华山道教

西岳华山在道教中拥有崇高的地位，一方面是由于华山自古就享受有国家祭祀的特权，并在唐司马承祯时最终确立了华山作为五岳之一的崇高地位；另一方面因为华山洞在道教“洞天福地”思想体系中被称为“总仙洞”，位列道教三十六小洞天中的第四洞天，其在道教中的地位可想而知，特别是五代之后，以陈抟老祖为祖师的太华派创立以后，华山形成了自己的道教派系。金元时期，全真道与华山结下不解之缘，先后创立了全真道华山派、全真道遇仙派等。至此华山成为道教一个重要传播中心，历久而不衰退，传承至今。

3.1. 五代以前的华山道教

五代以前华山道教还没有形成自己的教派团体，大多以前来华山修道的散修为主。道教中的许多传说都与华山有关，认为华山是仙人隐居之所，神仙出没之地。华山与道教源远流长，早在春秋时期就有了牵连。老子骑青牛至函谷关后，受尹喜之邀，书《道德经》于楼观台。去楼观台必经华山，加之华山北峰有一段险途，名为“老君犁沟”，相传为老君所为。后人就依此认为老君登临过华山。

秦汉时期的青乌公、李八百、毛濛、毛女、裴君、修羊公、王褒、张楷等隐士隐居于华山，其中好多隐士在华山都留有遗迹，主要反映在居住的石洞上，如：毛女洞、裴君石室、修羊石室等。

隋唐两代有杨伯丑、杜怀谦、张惠明、金仙公主、玉真公主、吴筠、张敬忠、元丹丘、刘平、杨敬真（女冠）、马信真

（女冠）、郭修真（女冠）、徐湛真（女冠）、夏守真（女冠）、郑邀等高道前来华山进行修炼。这一时期前来华山修道的隐士大为增加，修道之人的成分也不仅仅是道士，还有女冠、公主等人，特别是金仙、玉真二公主于华山修炼，这与李唐一朝推崇道教不无关系。

3.2. 五代及以后的华山道教

在道教史上，陈抟是一个具有跨时代意义的道士。唐之前，主导道教走向的思潮是以葛洪为代表的金丹之术。认为人可以通过服食金丹以达到长生的目的，为历代帝王所尊崇，唐代使这一风气达到极致，终因金丹术的失败而转轨。

陈抟

金丹术失败的同时在唐代也孕育了道教新的长生理念——内丹学说，至宋初正式形成。内丹学说主张将人的长生追求重新回到老庄的自然哲学基础之上，追求身心与自然的和谐，实现性命双修。而内丹学说形成的标志，则以陈抟为代表。

约在后晋、后汉之交，陈抟移居华山，时已70岁左右（《历世真仙体道通鉴》记载说其当时七十余岁）。传说他在武当山，夜观星斗，见金人持剑对他说“子道成矣，当有归成之地”。他以秋为万物收敛之时，金、秋均代表西，所以决定西隐华山。

陈抟在华山隐居之时也未曾清静过，20年的隐居修道，使陈抟名声大震，名人效应一旦形成，往往不由自己左右。周世宗就是陈抟的超级粉丝，关于周世宗礼遇陈抟，《宋史》有如下记载：

> 周世宗好黄白术，有以抟名闻者，显德三年，命华州送至阙下。留止禁中月余，从容问其术，抟对曰：“陛下为四海之主，当以政治为念，奈何留意黄白之事乎！”世宗不之责，命为谏大夫，固辞不受。既知其无他术，放还所止，诏本州长吏岁时存问。

这位周世宗对陈抟的崇拜可谓罕见。亲诏陈抟于京，寻道未果，并许以高官，抟坚辞不受。即使这样都没打消世宗的念头，还让长吏每年去问问陈抟：“你想开了没，要不要入朝为官呀！”这同样反映了陈抟在北周时期就已经有了很大的名声。

关于陈抟的传说有很多，最为有名的当属“宋太祖下棋输华山”一事。此则传说源自《宋人轶事汇编》：

初兵纷时，太祖之母，挑太祖、太宗于篮以避乱。陈抟遇之，即吟曰："莫道当今无天子，都将天子上挑担。"（古谣彦引《神仙传》）

下棋亭

故事具体是这么说的，陈抟隐居华山之下，一日遇见一老者肩挑一个扁担，扁担两边各有一个小孩。他对人说："都说天下无真主，皇帝多得用担挑。"就把母子三人收留下来。这两个小孩就是日后的宋太祖和宋太宗。太祖在当上皇帝之前，前去华山探望陈抟。陈抟和太祖于华山下棋，并以 500 两为赌注。宋太祖当时还没有当上皇帝，身无分文，只好戏言："我若输了就把华山给你。"结果陈抟获胜，二人写下了华山归陈抟的文契。现今华山东峰东南处下棋亭，就是后人依据这则传说而建。

陈抟对于道教的主要贡献在于内丹术的创建和老华山派的

兴起。陈抟所追求的修道目标，不再是通过金丹等虚无缥缈的方式成为不死神仙，而是顺其自然的长寿之道。陈抟内丹术也可理解为现在比较流行的养生思想。陈抟养生思想以老子的清静无为作为其修炼的基础，不求名利，淡泊处世。具体的养生理论以《黄庭经》为准则，以扶养为命、恬淡无为、无思无虑、积精养神入手，通过调息、藏精、咽津等方法，从而达到长生的目的。陈抟的养生最大的特点就是守静。

陈抟的静功，主要以行功、坐功和睡功为主，其中以“蛰龙法”命名的睡功尤为称道。陈抟本人隐居华山，就以善睡而驰名，常常一睡三四个月，时人称“睡仙”。

陈抟一生致力于钻研养生之道，研究心得集中体现在《易龙图》一书中。该书主要特点在于用图式推明象数，是汉代以来易学研究的首创。这些图式是对宇宙生成论和道教炼养理论、方法的发展。其中《无极图》最具代表性，在道教中影响最大，议论传说最多。

陈抟身后，形成了道教史上一个重要的派别——太华派，又称老华山派。但由于后起的全真教各派势力的上升，其中亦有华山派，所以明代以后改成“隐仙派”以与华山派相区别。

隐仙派的得名，按照《三丰全集》的说法，是因“文始阴关令、隐太白，麻衣隐石堂、隐黄山，希夷隐太华，火龙隐终南，（三丰）先生隐武当”，故称隐仙派，或隐派，或犹龙派。

3.3. 全真教与华山道教

在有关全真七派创建过程的口碑史中，郝大通之宗派创建于华山，世代相传。全真七子之中，以郝大通对周易的造诣最深，长于卜筮，善于运用易学阐释内丹原理，其《太古集》内丹思想最为丰富。这一点与陈抟的内丹思想一脉相承，后世尊他为“全真华山派”的祖师。相对于以陈抟为代表的老华山派，史称这一派别为“新华山派”，或者直称华山派。全真华山派建立之后，势力迅猛发展，原“老华山派”于明代以后改为“隐仙派”以与华山派相区别。金庸小说中的华山派，据此推测其原型当为“全真华山派”。

全真华山派自郝大通建立之日起，有自己自成体系的系谱，《诸真宗派系谱》记载该派的系谱是：

至一无上道，崇教演上真。　冲和德正本，仁义礼智信。
嘉祥宗泰宇，万理复元亨。　清静通玄化，体性悟诚明。
养素守坚志，虚灵慧业生。　希贤遵秘法，慎修保纯贞。
敬谨规良善，默功毓秀英。　勤能扶世运，积久大丹成。

永建要基厚，仙瀛书盛名。　　圆满光华照，云天庆上升。

4. 华岳传说

4.1. 巨灵导水——华岳仙掌

华岳仙掌

华岳仙掌为关中八景之首。传说仙掌印为巨灵神劈山开河以解山下黎明百姓水患之苦所留。东晋干宝《搜神记》载：

二华之山，本一山也。当河，河水过之而曲折。河神巨灵，以手劈开其上，以足蹈离其下，中分为两，以利河流。今观手迹于华岳上，指纹之形俱在；脚迹在首阳山下，至今犹存。

这则神话生动地将河神巨灵劈山导水的形象刻画出来，表明了先民丰富的想象和改造山河的英雄气概。大诗人李白有诗曰“巨灵咆哮劈两山，洪波奔流射大海”。

4.2. 老君开路——老君犁沟

“犁险于幢，幢险而犁突。”这描写的是夹在陡峭石壁之间一条深不可测的沟状险道，石阶 570 多阶。传说太上老君过此处，见无路可通，就牵来青牛一夜间犁成这条山沟。至今在西侧的崖上仍有石沟赫然若犁槽。爬华山有这么一句顺口溜“千尺幢、百尺峡，老君犁沟往上爬”，足见此处地势之险，游人至此只能爬着往上走。

4.3. 沉香救母——西峰劈石

“传说玉皇大帝的女儿三圣母因爱慕书生刘彦昌的容貌才华，私结连理。二郎神杨戬以违犯天条罪将三圣母压在西峰巨石下。三圣母石下产子，取名沉香。长大成人受仙师指点，执神斧劈开巨石，母子团圆。”

斧劈石在华山西峰，是华山著名的奇石胜景，因附会神话传说沉香劈山救母的故事得名。斧劈石踞峰巅，高一丈余，长数丈，拦腰裂为三段，如同斧劈。石下与峰头形成空洞，仅可容一人伏身爬入。

4.4. 弄女招婿——吹箫引凤

这是一个流传久远的传说。秦穆公有一个美丽的女儿，名曰弄女，善于吹笙，声如凤凰啼鸣。秦穆公想为女儿招婿，不过女儿弄女发誓“必须选择一个善于吹笙的人”。秦穆公苦寻无果，一日弄女梦中梦见了一个为他吹笙的男子，男子说“我是太华山的主人，上帝命我与你缔结姻缘”。弄女遂寻梦在太华山找到了梦中的那位男子，之后喜结姻缘，常驻于华山之上。在华山上那位男子教弄女吹箫，学会《来凤之曲》。一日晚上，夫妻二人在月下吹箫，竟来引来紫凤凰和赤龙前来。那位男子才道出了自己原本是天上的神仙，下凡与你了却前生所欠之因缘，但我不能在人间长时间居住。今日龙凤闻箫而来，是来接你我的。随后那位男子乘龙，弄女乘凤，自华山翔云而去。

第四节　城隍信仰——“尔来了”

城隍是汉民族宗教文化中普遍崇祀的重要神祇之一，大多由有功于地方民众的名臣英雄充当，是汉族民间和道教信奉守护城池之“神”。

唐朝人们往往又会称作“李唐”，自李渊建国以来，唐历朝历代统治者大多奉李耳为其老祖，其宗教思想往往倾向于发展道教。根据《太上老君说城隍威应消灾集福妙经》中记载“‘城隍神’足不出户，安坐庙中享受世人的祭祀朝拜”的典故，使唐以后在中国各地的县级以上城市中，开始出现许多祭祀“城隍神”的城隍庙，掌管阳世善恶祸福、兼管地方阴曹幽冥，有摄作福作威之柄，造注生注死之权。一般情况，从行政级别来讲，必须是县级以上的城市。并且据《说文解字》中的所言“城，以盛民也；隍，城池也，无水曰隍”，城隍一词是指保护人民身家安全的城墙和护城河。以上两点是城隍信仰所必不可少的特点。然而在关中地区却有所不同，呈现出与其他地区所不同的特点。

户县（于2016年11月24日改为鄠邑区）是关中中部一个古老的县城，隶属于陕西省西安市。户县建制比较早，至今保留了许多悠久的民间习俗，最为人乐道的当属户县北乡迎祭城隍民俗活动。户县迎城隍民俗活动不同于其他地区，一般来讲一个县城一般只有一个城隍老爷，而户县境内则信奉三个城隍爷，为了区分，当地人分别将三个城隍爷称为大城隍、二城隍和三城隍。每个城隍爷有自己分属的领地，然而这些信奉区域大多则不在县城，这与人们日常所知有所不同。

户县在历史上按地缘形成了三个城隍社，在社内轮流祭祀着三个不同的城隍爷，每个城隍爷分别由不同的村群祭祀。渭

鄠邑区城隍庙

河南岸一带 19 村为一社，奉纪信为城隍，称为大城隍。往南，大官路东西21村为一社，奉韩成为“城隍神”，称二城隍社。县城附近，涝河东西13个村子为一社，奉张宗孟为“城隍神”，称三城隍社。三个社迎祭城隍的规矩和形式基本相同，其规矩是“城隍神”在每个村子享祀一年，每年正月十五前后，由下一个村子迎至本村祭祀。在城隍驻村期间，全村各户要轮流守爷，十月十五前后，该村要举祭会爷。三个社都有 “前村不会，后村不接”的规矩。

鄠邑区城隍分布情况一览表

城隍爷	朝代	信仰地区
大城隍（纪信）	西汉	王守村、什王村、真守村、小王店、留南村、马营村、余姚村、三过村、祁村、渭曲坊、元村、定舟村、龙台坊、宋村、康王村、富村、梧村、兆伦村、凿齿村
二城隍（韩成）	明朝	崔村、尧河村、赵王村、小寨、西羊村、孝义坊、东韩村、南里百村、郭村石村、坡头、东羊村、韩旗寨、秣师坡、真华硙、文义村、显落村、野口村、牙道村、怀道村、许村、中里百村
三城隍（张宗孟）	明朝	六老庵、南河头、西坡、三旗、元王店、索家庄、晋侯村、陂头村、洪洞庵、宁羌硙、中原寺、百福村、皇甫村

王守村2015年迎城隍盛典民俗活动场面宏大，观者如潮。大城隍纪信就是王守村人，此次“迎城隍”可谓是城隍爷荣归故里，比往年“事势”（关中方言，声势浩大的意思）都大。今天“接爷”的队伍足有1千米，礼炮车、彩旗仪仗队、展板、秧歌队、锣鼓队热闹非凡。12点接城隍的队伍抵达凿齿村，直到下午3点，城隍爷才被接回王守村。听老汉说迎城隍只是活动的一部分，城隍爷接过来之日起，城隍爷所在村会安排村民轮流守“爷”，一是续香火；二是照顾城隍爷、城隍婆（城隍爷的夫人，当地人习惯把“奶奶”叫婆）的日常起居，城隍爷不同于其他“神灵”，有自己的配偶，村民每天晚上给城隍夫妇铺好

被褥，一大早再将被褥折叠整齐，服务细致入微。轮流守爷直至下个村子将城隍爷迎走，时间基本以一年为期。在守爷期间，村里会举办多场活动庆贺城隍爷，入

迎城隍

烟和贺寿、城隍会期、艺术助兴等环节是必不可少的。入烟就相当于现代人们乔迁之时的烘房，当地村接回城隍爷的当天晚上，十里八乡的乡党们前来神邸焚香庆祝，庆贺城隍爷乔迁新居。贺寿，就是指城隍夫妇生日当天村民们前来拜寿，与生活中子女给老人贺寿一样。户县（今鄠邑区）北乡三个城隍夫妇各有自己的寿辰：大城隍是二月初八日，夫人是六月初八日；二城隍是正月十六日，夫人是六月十六日：三城隍生日是农历二月十六日，夫人是六月初六。城隍爷所在村会在一年中大概十月份期间举办一场庙会，以此表达村民对城隍爷的敬意，感谢城隍爷保佑本村五谷丰登、村兴人旺。会城隍当日热闹异常，附近十里八乡的人们都会赶来逛庙会，道士僧侣会前来诵经、祈福，甚为庄严。会城隍当日秦腔剧团也会前来为城隍爷献艺，

铿锵有力的秦腔呐喊声为秦人的最爱。会城隍期间，会自发形成一个自由集市。小商贩们推着车赶庙会，日常所需、各色小吃，应有尽有，热闹空前。下个村子将城隍爷迎走时，本村一般还会举办一场送城隍爷的仪式，这期间本村村民还会充当考官的角色，如果下个迎接城隍爷的村子迎接工作准备不周，不符合迎城隍的规格，当地村民是不会将城隍爷被其迎走的。至此整个活动截止，下次迎接城隍爷就到了十几年之后了。

迎祭城隍活动包括迎城隍、轮流守护、人烟和贺寿、城隍会期、艺术助兴等环节，活动环环紧扣、细致入微、自成章法。整个活动留给人们印象最为深刻的，当属整个活动中包含有浓浓的人间烟火味。一个“迎”字，包含了村民对城隍爷浓厚的尊敬之情，让人看到的是一群子女在迎接家中的长辈。一个“守”字，代表了子女对城隍爷浓浓的侍奉之情，犹如子女侍奉父母般环伺左右，日日相守。每个环节，都能在找到生活中的影子，而城隍爷也在浓浓的亲情中成为这其中不可或缺的一员。

浓浓的人间烟火味中，人们不难嗅出一个“孝”字。村民们对城隍的信仰，是一种从日常生活中升华了的“孝”。迎城隍活动从遥远的古代之所以能够流传至今，经久而未衰，这与关中地区的孝文化是分不开的。“父母在不远游”这句话没有比关中子女体会更深的了，都说关中子女恋家，在外地上了几年学回来了、在外边上了几年班也回来了、就连姑娘不对外也成了普通人的共识，这些现象许多人称之为“没出息”、落后等。前段时间听一个朋友讲了一个有趣的事情，说陕西男的在外打工，好多工厂一听是陕西人都不太爱录用，原因无他，就是陕西男人爱回家。这种现象不可否认，但这跟“没出息”或安逸无关，每个关中汉子内心都怀有一颗对父母尽孝之心，对这片家乡黄土地深深的眷恋之心。

第五节　“八宗”六归秦——“佛”之乡

关中西接河西走廊，自古以来是中西交通之要冲，古丝绸之路东起于此。加之长安为 13 朝古都，久为京师王畿，历代君主又过半好佛，佛教在关中的兴起似乎具备得天独厚的优势。其中佛教八宗中的三论宗、法相宗、华严宗、净土宗、律宗和密宗等六宗祖庭皆建于关中，可见关中佛教在佛教史中的重要地位。种种此类佛教与关中密切相连的事件，不胜枚举，将关中称为“佛教的第二故乡”正应事实。

1.“八宗”六归秦

发源于古印度的佛教，大约在公元前 3 世纪向外传播。史料中关于佛教最早进入中国内地的记载是在公元前 2 年。佛教沿着丝绸之路传播到现在的新疆，经过玉门关、河西走廊，最终传到长安。佛教传入中国以后为得到本土人士的支持，不得不依托黄老道家的玄学而立足。到了东晋以后，才摆脱引进过程中“六家七宗”对佛学教义的不同阐释。由鸠摩罗什弟子竺道生提出“顿悟成佛”与“众生皆能成佛”说，实现了印度佛性平等观与中国圣贤平等观的结合，走上了独立发展道路。随后对佛教教义的探索出现了佛教史上的“百家争鸣”，至隋唐时期佛教理论上已出现八大宗派，从不同方面融入了道家和儒家的理论。八大宗派的特点可以用一偈浅而概之：密富禅贫方便净，唯识耐烦嘉祥空。传统华严修身律，义理组织天台宗。

中国佛教史上出现过许多派别，通常是指隋唐时期形成的佛教八大宗派。它们分别是：一是三论宗又名法性宗，二是法相宗又名瑜伽宗，三是天台宗，四是华严宗又名贤首宗，五是禅宗，六是净土宗，七是律宗，八是密宗又名真言宗。这就是通常所说的性、相、台、贤、禅、净、律、密八大宗派。中国佛教的八大宗派，除了禅宗发源于河南少林寺和天台宗起源于浙江天台山外，其余六宗均在长安创立。

表 3　长安佛教“六宗”基本信息

宗名	创建人	主要教义
三论宗	鸠摩罗什	以真俗二谛为总纲，以彻悟中道实相为究竟
法相宗	玄奘、窥基	着眼于佛法，是研究佛法和实践佛法的佛学宗派
律宗	道宣	主要是学习和研究戒律
密宗	善无畏、金刚智、不空来华	译出大量密教经典，弘扬密法
净土宗	善导大师	提倡观佛、念佛以求生西方阿弥陀佛极乐净土为宗旨
华严宗	杜顺和尚、法藏	此宗对《华严经》有深入的研究和精辟的阐发，是在前人三论、天台、慈恩、地论师、摄论师等学说发展的基础上形成的一个思想体系

2. 名刹遍地寻

佛教自西汉传入本土以来，关中之地历来为佛教所青睐，遂有将关中称为“佛教的第二故乡”的说法。名寺古刹随着佛教在关中的传播相继建立起来，有许多寺庙屹立至今，香火不绝。仅古长安所在的终南山一线就占有六所祖庭，分别为三论宗渊源草堂寺，法相宗祖庭大慈恩寺，律宗祖庭半德寺与净业寺，密宗祖庭大兴善寺与青龙寺，净土宗祖庭香积寺及悟真寺，华严宗祖庭至相寺及华严寺。

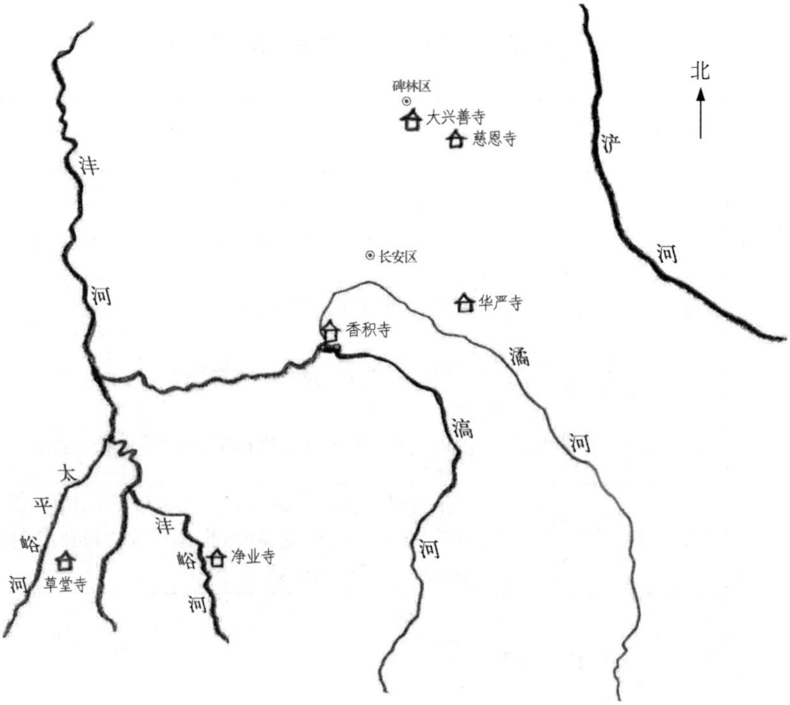

长安佛教“六宗”祖庭位置图

表 4 长安佛教“六宗”祖庭基本信息

寺名	位置	建筑年代	所属祖庭
草堂寺	西安鄠邑区	东晋末年	三论宗
慈恩寺	西安雁塔区	唐代	法相宗
净业寺	西安长安区	隋末	律宗
大兴善寺	西安雁塔区	西晋	密宗
香积寺	西安长安区	唐代	净土宗
华严寺	西安长安区	唐代	华严宗

2.1. 三论宗祖庭——草堂寺

草堂寺位于陕西省鄠邑区草堂镇，东与“长安八水”之一的沣水相邻，南对终南山圭峰、观音、紫阁、大顶诸峰，临水靠山而建，景色秀丽，是国务院确立的汉族地区佛教全国重点文物寺院。寺名的由来，因其以草苫为寺中一堂屋顶，故名。该寺约创建于距今1500多年的东晋末年，不仅是佛教的著名古刹，也是三论宗祖庭。北周时毁，唐宋以后多次重建。草堂寺是佛教传入中国后第一个国立译经场，也可以说是佛教中国化的一个起点。佛教作为一种外来文化，自东汉传入中国，进入魏晋之时，流行于民间，与中国所固有的文化即儒道学说相接触，相交流，相融合，佛教“中国化”的进程由此开始。今有大殿三间及鸠摩罗什舍利塔等。草堂寺经历了千余年的历史沧桑，香火不绝，高僧辈出。历代文人墨客在此寻幽觅古，留下了许多动人的诗文。

草堂寺

2.2. 华严宗祖庭——华严寺

华严寺是中国佛教华严宗的祖庭之一，为唐代长安城南樊川八大寺之一，位于现在西安市南 15 千米的少陵原半坡，居高临下，俯瞰樊川。唐代诗人杜牧《望故园赋》中写道："余三思归兮，走杜陵之西道。岩曲天深，地平木茏。陇云秦树，风高霜早。周台汉园，斜阳暮草。"同时诗人岑参的"寺南几千峰，峰翠青可掬"，道尽了它景致最佳处。华严寺周围的自然景色，虽不是佛经中描述的华严世界，却也是人间的华严天堂。

华严寺由初建到以后数百年间，无高大殿堂建筑的记载，而只记有凿原为窟，以安置佛像及僧众居住，华严寺可以说是黄土高原上一座典型的窟洞寺院。从塔的记载看，这里曾有华严宗初祖杜顺坐定身骨的墓塔、二祖智俨塔、三祖贤首塔、四祖澄观塔。但在清乾隆年间，发生了少陵原崩塌事件，仅存砖塔两座，其余全毁。

2.3. 关中塔庙始祖——法门寺

法门寺位于陕西省宝鸡市扶风县城北 10 千米处的法门镇，始建于东汉末年桓灵年间，至今约有 1700 多年历史，有"关中塔庙始祖"之称。法门寺因舍利而置塔，因塔而建寺，原名阿育王寺，隋文帝时改称“成实道场”，唐高祖时改名“法门寺”。

唐代200多年间，多次开示、迎奉佛骨的活动，分别为唐太宗敕令开示佛骨，唐高宗首次迎奉佛骨、武则天两次迎奉佛骨、唐中宗下发入塔供养、唐肃宗三次迎奉佛骨、唐德宗四次迎奉佛骨、唐宪宗五次迎奉佛骨、唐懿宗六次迎奉佛骨。所谓迎请佛骨，就是每隔30年把珍藏在塔基下地宫中的佛骨迎入长安城皇宫瞻仰。迎请佛骨在唐末愈演愈烈达到高潮，最盛大的莫过于唐懿宗咸通十四年（公元873年）。此次迎请佛骨事先准备了两年，当时从京城长安到法门寺200多里间，车马昼夜不绝，沿途都有饮食供应，叫作“无碍檀施”。自这次迎骨请佛骨之后，地宫关闭，与世隔绝1113年之久。法门寺在唐代也遭到过厄运，唐武宗在会昌五年（公元845年）大规模灭佛，史称“会昌法难”。唐武宗曾下令毁掉佛指骨舍利，但此前，寺僧们准备了几件佛指骨舍

法门寺旧貌

利的影骨（仿制品），用以搪塞君命，而把释迦牟尼佛真身指骨秘藏起来。

法门寺寺内保存有大量的文物，仅法门寺地宫就出土了释迦牟尼佛指骨舍利、铜浮屠、八重宝函、银花双轮十二环锡杖等佛教至高宝物，法门寺珍宝馆拥有出土于法门寺地宫的2000多件大唐国宝重器，为世界寺庙之最。

第四章　梦乡

第一节　文学

1. 周秦颂歌——《诗经》

关中是我国的文化发祥地之一，也是我们国家最早跨入文明门槛的地区。从周代起，关中地区进入了一个新的历史发展时期。作为周人的核心活动区，关中土壤肥沃、物产丰富，周人又是一个善于农业生产的部族，很快发展壮大建立周王朝，并在关中中部的丰镐定都。周人把生产活动的过程中，口头创作的原始诗歌采集起来形成书面文字，产生了中国最早的诗歌总集《诗经》。《诗经》中有很大一部分描写的是关中腹地的风土人情，包括《大雅》《小雅》《豳风》《秦风》等篇章，形象而真实地反映了关中地区人民的社会生活面貌。

1.1. 后稷教稼

《诗经·大雅·生民之什》中追溯了周人始祖后稷的事迹。后稷从小就喜欢栽培各种农作物，注意研究不同农作物的生长规律，他根据土地特性的不同，种植适合的农作物，因此他种的大豆个大喜人，麦子颗穗饱满，瓜果香甜可口。他也因为善于经营农业生产而被封为农官，他在担任农官之后，悉心教授人民开垦土地、种植谷物，使得庄稼获得丰收。人们赞赏说：“诞后稷之穑，有相之道。茀厥丰草，种之黄茂。实方实苞，实种实褎。实发实秀，实坚实好。实颖实栗，即有邰家室。”舜帝为了表彰他的功德，把广阔的有邰地赐予他。后稷因此被后世尊为中国的农神。后稷讲解农业知识的教稼台也随之名扬天下。

后稷

教稼台位于陕西省武功县武功镇东门外漆水之滨，相传为后稷向人们宣讲稼穑百谷之道的场所。原一矩形土心砖砌平台，下大上小，呈覆斗状，中有洞门，为来往车马行人必经之路。

洞门东口上有宽约一米、长约两米的石刻，其文曰："教稼名区"。上款为"道光五年（公元 1825 年）正月重修"，下款"知武功县事邓兆桐立"，西口上为"教稼台"。

这是一个砖砌箕斗形平台，长 78 米，宽 31 米，高约 15 米，古朴墩实，别具一格。教稼台为皇家覆斗形台，皇家星座为氐斗形，氐斗是古人制作的一种无底斗，常为粮食交易市场上的量具，其形是天象二十八宿中的氐宿星座。

每年冬季阴历十一月初七到十七，武功镇东河滩交流大会也由来已久、渊源深厚。相传上古时期每年春季，后稷在教稼台前教农稼穑，授民于农耕技术。至于农历十一月初七，四方百姓聚合东河滩教稼台下，纷纷带来各自的收获以答谢后稷，并开始以物易物，中国最早的市场即发端于此。武功镇河滩会，即东河滩物资交流会，从某种意义上说，是人们为纪念后稷教民稼穑而举行的古会，每年在教稼台前漆水河滩上举行。人山人

武功河滩会上的罐罐茶

海，祭农神，庆丰收，学经验，物资交换，并有歌舞、杂技、戏曲等节目助兴。河滩会是我国农业始祖后稷开发的唯一古代农业示范基地，也是保存至今最大的纪念后稷农业物资盛会。

1.2. 公刘居豳

公刘是后稷的曾孙，他率领周人迁居到豳地，也就是今天关中平原北部的彬县、旬邑一带。公刘虽然处在戎狄地区，但继续从事后稷的事业，致力于耕种，到处察看土地性能，从漆水、沮水渡过渭水，伐取木材以供使用。于是，外出的人有资财，定居的人有积蓄，民众仰仗他过上好日子。各族人感念他的恩德，大多迁到这里，拥护和归顺他。周朝事业的兴起就是在这里开始的，公刘死后，其子庆节即位，把国都建在豳地。所以周人作诗来歌颂公刘的功德,《诗经·大雅·公刘》有：“笃公刘，于豳斯馆。涉渭为乱，取厉取锻，止基乃理，爰众爰有。夹其皇涧，溯其过涧。止旅乃密，芮鞫之即。”

1.3. 岂曰无衣

秦本为周的附庸，西周孝王封他的臣非子于秦（今甘肃天水故秦城）。东周初，因秦襄公护送周平王东迁有功，开始列为诸侯，改建都于雍（今陕西凤翔），自此逐渐强大起来。统治区大致包括今陕西中部和甘肃东南部。“秦风”就是这个区域的诗。秦国“逼近戎狄，修习战备，高上（崇尚）气力，以射猎为先”。所以在秦风中，有一种在别的风诗中少见的尚武精神和悲壮慷慨的情调。

《秦风·无衣》是其中最为著名的爱国主义诗篇：

岂曰无衣？与子同袍。王于兴师，修我戈矛。与子同仇。

岂曰无衣？与子同泽。王于兴师，修我矛戟。与子偕作。

岂曰无衣？与子同裳。王于兴师，修我甲兵。与子偕行。

秦人在立足关中的最初，四周都是戎狄等少数民族，面对错综复杂的外部环境，秦人表现出英勇无畏的战斗精神，发出“岂曰无衣，与子同袍”的呼喊，在反侵略的战争中，创造了这首充满激情的慷慨战歌。

2. 一字千金——《吕氏春秋》

春秋战国时期，统治关中的秦国位于最西边，与西戎、义渠等少数民族相互杂居，由于封闭落后，被当时函谷关东边的国家当作蛮夷来对待，中原的诸侯国甚至不屑于和秦国会盟，建立外交关系。而在文化方面更是相差甚远。战国时期的大思想家荀子进入秦国看到“其固塞险，形势便，山林川谷美，天材之利多，是形胜也。”，他认为秦国地形险要、民风淳朴，官

荀子

吏恪尽职守，朝廷办事效率高，具有统一天下的条件，但还是缺少文化的积淀。

战国末年，一代富商吕不韦成为秦国的丞相。当时，魏国有信陵君，楚国有春申君，赵国有平原君，齐国有孟尝君，号称“战国四大公子”。他们都礼贤下士，结交宾客，名扬四海。吕不韦认为占据关中腹地的秦国已经是当时最为强大的国家，而自己也是堂堂秦国丞相、秦王的仲父，不应该被别人比下去，所以他也招来了文人学士，给他们优厚的待遇，门下食客多达3000人。吕不韦就命他的食客各自将所见所闻记下，综合在一起成为八览、六论、十二纪，共20多万字，号称《吕氏春秋》。吕不韦认为这部书是一部包罗万象的奇书。他在全书总序中写道：“凡十二纪者，所以纪治乱存亡也，所以知寿夭吉凶也，上揆之天、下验之地、中审之人，若此，则是非可不可无所遁矣。”

为了扩大影响，吕不韦还想出一个绝妙的宣传该书的办法，他请人把全书誊抄整齐，悬挂在秦国都城咸阳的城门，声称如果有谁能改动一字，即赏给千金。消息传开后，人们蜂拥前去，包括诸侯各国的游士宾客在内，却没有一个人能对书上文字加以改动。这样《吕氏春秋》和吕不韦的大名远播东方诸国。

吕不韦

《吕氏春秋》中有些文章称得上是优秀的散文，语言简洁流畅，用事说理颇为生动。如《重己》篇讲自己的生命如何重要，先从人不爱倕之指而爱己之指、人不爱昆山之玉而爱己之玉之说起，层层深入，语言朴素恳切。《吕氏春秋》里面还创作了耳熟能详的寓言故事，包括至今仍在运用的成语“竭泽而渔、一窍不通、掩耳盗铃、盗亦有道”等等，这是它在对中国古代文学做出的另一个贡献。书中的寓言故事大概有 200 多个，这些寓言大都是从中国古代的神话和传说而来，也有作者自己的创造，这在中国古代文学中具有独特的地位。《吕氏春秋·察今》篇为了说明“因时变法”的主张，讲述了“刻舟求剑”的寓言故事：“楚人有涉江者，其剑自舟中坠于水，遽契其舟，曰：‘是吾剑之所从坠。’舟止，从其所契者入水求之。舟已行矣，而剑不行。求剑若此，不亦惑乎？”

3. 两汉的散文辞赋

3.1.《过秦论》

西汉定都长安后，为了汲取秦朝二世而亡的教训，巩固完善汉王朝的统治。汉初的贾谊写下著名的《过秦论》，剖析秦之灭亡原因。文中描绘了关中拥有“雍州之地，崤函之固”得天独厚的地理条件，详细论述了以关中为基础的秦人发展灭亡过程，最后得出了“仁义不施而攻守之势异也”，虽然秦人有“关中之固，金城千里”却难免国破家亡，为天下人所耻笑，认为只有施行仁义才能使国家长治久安。

贾谊

3.2. 史家之绝唱——《史记》

两汉历史散文达到高度发展阶段的主要标志是司马迁的《史

记》。司马迁是夏阳（今陕西韩城）人，夏阳古称少梁，古代少梁是黄河西岸的一个水路交通要塞,这里是有名的黄河少梁渡口，是东西水路交通的枢纽，这里有一条贯通南北的大路从中通过，是南北交通唯一的通道。所以，它便成为古代军事上兵家的必争之地。司马迁的《史记》记载少梁事最多，仅战争方面就多达 17 处，足见少梁战略地位之重要。

司马迁

司马迁幼时随父亲司马谈移居长安，后来继承父亲为太史令。司马迁继承先秦史官秉笔直书的传统，在尊重客观事实的基础上，以个性鲜明的人物为中心来反映历史，生动地展开了广阔的社会生活画面，开创了中国传记文学。《史记》对后世文学的影响很大，被鲁迅誉为“史家之绝唱，无韵之离骚”，成为中国古代文学的典范。

3.3. 汉赋

西汉的长安是当时全国的政治、经济、文化中心，当时的文化名人云集长安，汉赋主要继承春秋战国时期的骚体诗的传统，由于社会经济的恢复和繁荣，以及贵族风气的影响，辞赋的体裁、形式逐渐变化。汉赋作品中的许多内容都是以汉都长安为背景，留下了许多传世名篇。以司马相如的《上林赋》、扬雄《羽猎赋》、班固的《两京赋》、张衡的《西京赋》为典型代表，辞藻华丽，形式庄严，集中描写关中地势险要、物产富饶、宫殿华丽，成为汉赋的代表作品。

特别是司马相如的《上林赋》，描绘了长安附近上林苑这个汉帝国皇家苑囿的美景，以及场面盛大的皇室游猎活动，歌颂汉朝的强盛与恢宏。

上林苑是汉代最为著名的皇家园林建筑，汉武帝刘彻于建元三年（公元前 138 年）在秦代的一个旧苑址上扩建而成的宫苑。上林苑规模宏伟，《上林赋》有："终始灞浐、出入泾渭。沣镐涝潏，纡余委蛇，经营乎其内。荡荡乎八川，分流相背而异态。东西南北，驰骛往来。"灞、浐二水自始至终不出上林苑；泾、渭二水从苑外流入又从苑内流出；沣、镐、涝、潏四水纡回曲折，周旋于苑中。后来，上林苑又进一步向东部和北部扩展：北部扩至渭河北，东部扩至浐、灞以东，形成了前所未有的规模，进入了它的鼎盛时期。扬雄的《猎羽赋》也描绘了上林苑的宏大规模："武帝广开上林，南至宜春、鼎胡、御宿、昆吾，旁南山西，至长杨、五柞，北绕黄山，濒渭而东，

上林苑

周袤数百里。穿昆明池象滇河，营建章、凤阙、神明、馺娑，渐台、泰液象海水周流方丈、瀛洲、蓬莱。游观侈靡，穷妙极丽。”上林苑周围有墙垣围绕，长达 400 余里，有 12 道苑门，由步兵校尉掌管上林苑门屯兵。

上林苑也是皇家动物园与猎场。《汉旧仪》载：“上林苑中养百兽。天子遇秋冬射猎苑中，取禽无数。”设有上林苑令主管苑中禽兽，苑囿中的野兽有专门官吏统计并造册登记。上林苑也是皇家植物园。《三辅黄图》载：武帝初修上林苑时，“群臣远方，各献名果异卉三千余种植其中，亦有制为美名，以标奇异”。水果中的光梨就有 10 种，有果实硕大的青梨和果实小而香的芳梨，还有出自瀚海北能耐严寒的瀚海梨。总之，上林苑既有优美的自然景物，又有华美的宫室组群分布其中，是秦汉时期汉族建筑宫苑的典型。

长门买赋

据说司马相如因为辞赋写得好，在长安的名气很大，当时的皇后陈阿娇因为骄横又好嫉妒，失去汉武帝的宠爱，被贬至长门宫，终日以泪洗面，听说司马相如的辞赋受到皇帝的欣赏，遂辗转想出一法，命一个心腹内监，携了黄金百斤，向大文士司马相如求得代做一篇赋，请他写自己深居长门的闺怨。司马相如果然不负重托，写下了流传千古的《长门赋》，把陈阿娇的愁闷悲思写得淋漓尽致。据说武帝读此赋后，大为感动，陈皇后遂复得宠。

4. 绝代风华——唐代诗歌

唐代是我国历史上又一个繁荣的王朝，长安再一次成为东方文明的中心。唐代文学也达到了一个高峰，诗歌、散文、小说等都取得了杰出的成就，特别是诗歌的成就尤为突出，唐代长安诗坛名家辈出，各自具有独创的风格，呈现出百花齐放的盛况。

4.1. 初唐四杰

唐代长安诗风刚劲清新、雄伟壮丽，与王勃、杨炯、卢照邻、骆宾王“初唐四杰”和陈子昂为代表的初唐诗人除旧布新、改造魏晋轻靡浮艳的诗风是分不开的。

卢照邻的《长安古意》，托古抒今，以铺陈的笔法描绘了帝都长安的现实生活，讽刺长安权贵阶层追逐享乐的生活。而骆宾王留下了被称为绝唱的《帝京篇》，全诗描绘帝京长安的繁华

骆宾王

与壮丽，显示出大唐帝国的强盛和蓬勃向上的时代风貌。该诗取材于汉代京城长安的生活故事，以古喻今，抒情言志，气韵流畅，被视为绝唱。它不仅是诗人的代表作，更是初唐长篇诗

歌的代表作之一，堪与卢照邻的《长安古意》媲美，被称为姊妹篇。

4.2. 辋川隐士

初唐之后最有影响力的诗人是王维，他的《渭川田家》《终南山》《过香积寺》等作品描绘出长安风光的淡雅清幽。王维早年有过积极的政治抱负，希望能做出一番大事业，后值政局变化无常而逐渐消沉下来，吃斋念佛。40多岁的时候，他特地在长安东南的蓝田县辋川营造了别墅，过着半官半隐的生活。

辋川位于蓝田县南十余里。这里青山逶迤，层峦叠嶂，奇花野藤遍布幽谷，瀑布溪流随处可见。因辋河水流潺湲，波纹旋转如辋，故名辋川。

辋川在历史上不仅为“秦楚之要冲，三辅之屏障”，而且是达官贵人，文人骚客心醉神驰的风景胜地。“终南之秀钟蓝田，茁其英者为辋川”。“辋川烟雨”为蓝田八景之冠。辋川

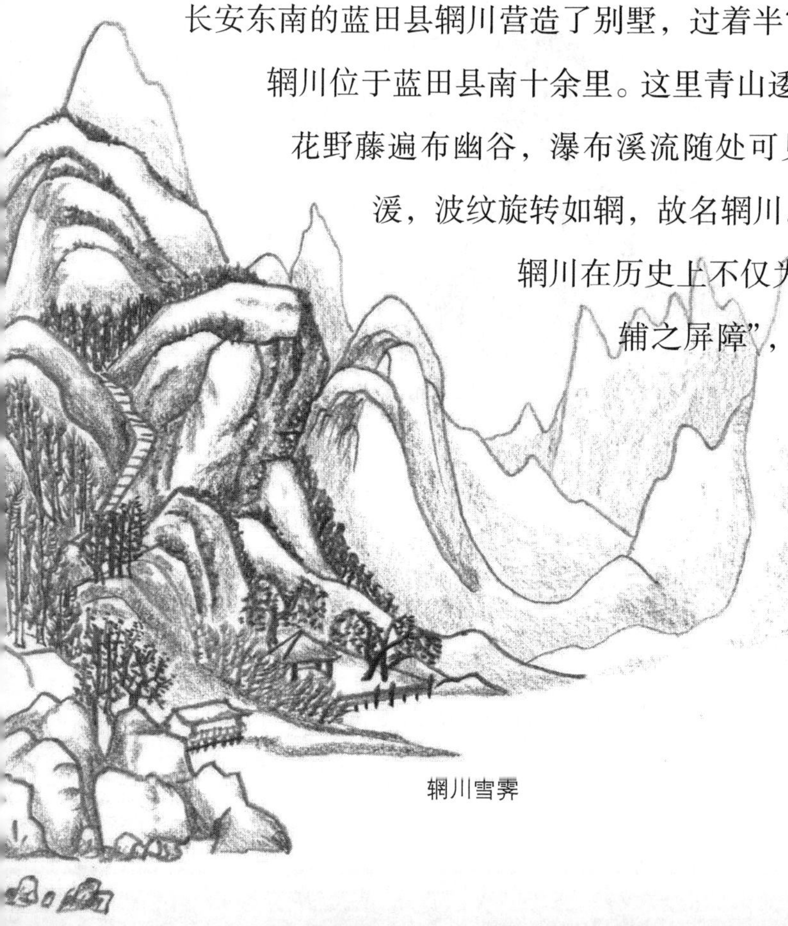

辋川雪霁

在唐初是著名诗人宋之问的别墅，后被王维购得。从此，王维便过起了“晚年唯好静，万事不关心”的闲适生活。他依据辋川的山水形势植花木、堆奇石、筑造亭台阁榭，建起了孟城坳、华子冈、竹里馆、鹿柴等20处景观，把20余里长的辋川山谷，修造成兼具耕、牧、渔、樵的综合性园林胜地。

山居秋暝

空山新雨后，
天气晚来秋。
明月松间照，
清泉石上流。
竹喧归浣女，
莲动下渔舟。
随意春芳歇，
王孙自可留。

王维

王维常陶醉于山壑林泉之间，同孟浩然、裴迪、钱起等诗友良朋“模山范水”“练赋敲诗”、泛舟往来、鼓琴唱合，为辋川二十景写下了40首五言绝句，取名《辋川集》。

4.3. 浪漫“诗仙”

盛唐时代是唐诗发展繁荣的顶峰时期。有着“诗仙”称誉的李白把诗歌推到浪漫主义极致。李白在供职长安后写出了《子夜吴歌》《灞陵行送别》《阳春歌》等描写长安风情的名作。

灞陵行送别

送君灞陵亭，灞水流浩浩。

上有无花之古树，下有伤心之春草。

我向秦人问路歧，云是王粲南登之古道。

古道连绵走西京，紫阙落日浮云生。

正当今夕断肠处，黄鹂愁绝不忍听。

长安东南30里处，原有一条灞水，汉文帝葬在这里，所以称为灞陵。唐代，人们出长安东门相送亲友，常常在这里分手。因此，灞上、灞陵、灞水等，在唐诗里经常是和离别联系在一起的。“送君灞陵亭，灞水流浩浩。”“灞陵”“灞水”重复出现，烘托出浓郁的离别气氛。写灞水水势“流浩浩”是实写，但诗人那种惜别的感情，也正如浩浩的灞水。这是赋，而又略带比兴。

“上有无花之古树，下有伤心之春草。”不仅展现了灞陵道边的古树春草，而且在写景中透露了朋友临别时不忍分手，上下顾盼、瞩目四周的情态。

“我向秦人问路岐，云是王粲南登之古道。”王粲，建安（汉献帝年号，公元196—220年）时代著名诗人。公元192年（汉献帝初平三年），董卓的部将李傕、郭汜等在长安作乱，他避难荆州，作了著名的《七哀诗》，其中有“南登灞陵岸，回首望长安”的诗句。这里说朋友南行之途，是当年王粲避乱时走过的古道，不仅暗示了朋友此行的不得意，而且隐括了“回首望长安”的诗意。友人在离开灞陵、长别帝都时，也会像王粲那样，依依不舍地翘首回望。

“古道连绵走西京，紫阙落日浮云生。”回望漫长的古道，世世代代负载过很多前往长安的人，好像古道自身就飞动着直奔西京。然而西京的巍巍宫殿上，太阳快要西沉，浮云升起，景象黯淡。这带有写实的成分，灞上离长安30里，回望长安，暮霭笼罩着宫阙的景象是常见的。

力士脱靴

天宝年间，李白来到长安，被唐玄宗留在翰林院写诗作文。有一次，唐玄宗想叫他写几首歌词助兴，就派人把他召来。没想到在宫中喝醉了，竟伸出了脚，对着皇帝身旁最有权势的宦官高力士说：“给我脱掉靴子。”皇帝也没有阻止，高力士无奈，只得给李白脱下靴子。当时，高力士权力很大，四方的奏事都

李白

要经过他的手，文武百官没有一个不巴结他，他还从来没有受过这样的侮辱，这件事使他很愤怒，决定找机会报复李白。

杨贵妃爱吟李白的《清平乐词》，正巧高力士也在一旁，他故意说：“我本以为贵妃受了李白的侮辱，一定对他恨之入骨，没想到你这么爱他的诗！”杨贵妃吃惊地问道:”李学士怎么会侮辱我呢？”高力士说：“诗中不是有‘借问汉宫谁得似，可怜飞燕倚新妆’两句吗？”杨贵妃说：“对呀！”高力士又说：“汉朝宫廷里的赵飞燕，出身歌女，后来虽然立为皇后，但作风不正最后还是被贬为庶人，李白将赵飞燕跟您相比，不是把你看得太下贱了吗？”杨贵妃听了高力士的话，也对李白恼怒起来，这以后，唐玄宗几次想任命李白官职，都被杨贵妃阻止了。

4.4. “诗圣”

杜甫

与李白齐名的伟大诗人杜甫被称为“诗圣”，虽然出生于号称“去天五尺”的长安杜氏家族，但在这个社会由盛而衰的时代，杜甫却经历了饥寒流浪的生活，写出了很多惊心动魄的现实主义诗篇。他在长安留下了《丽人行》《兵车行》《哀江头》等有强烈忧国忧民的作品，对比了大唐帝国安史之乱前后，社会由盛转衰的时代矛盾和老百姓所遭受到的苦难。

哀江头

少陵野老吞声哭，春日潜行曲江曲。
江头宫殿锁千门，细柳新蒲为谁绿？
忆昔霓旌下南苑，苑中万物生颜色。
昭阳殿里第一人，同辇随君侍君侧。

辇前才人带弓箭，白马嚼啮黄金勒。
翻身向天仰射云，一笑正坠双飞翼。
明眸皓齿今何在？血污游魂归不得。
清渭东流剑阁深，去住彼此无消息。
人生有情泪沾臆，江水江花岂终极！
黄昏胡骑尘满城，欲往城南望城北。

安史之乱第二年（公元 756 年）秋天，安禄山攻陷长安，杜甫被安史叛军抓获，带到沦陷了的长安。第二年春天，杜甫脱逃，沿长安城东南的曲江行走，感慨万千，哀恸欲绝，《哀江头》就是当时心情的真实记录。

长安沦陷后的曲江与以前有天壤之别。所谓“曲江”，即曲江园林，原是长安有名的游览胜地。位于今陕西西安东南，汉武帝造宜春苑于此，隋朝改名芙蓉园。唐复名曲江，唐玄宗开元年间经过疏凿修建，亭台楼阁参差，奇花异卉争芳，号称都中第一胜景。但这已经成为历史了，以往的繁华像梦一样过去了。“少陵野老吞声哭，春日潜行曲江曲。”一个泣咽声堵的老人，在春日游览胜地只能偷偷摸摸地行走，可见曲江昔日的繁华与眼前的萧条冷落构成了鲜明对比。

曲江位于西安市南郊，本是我国汉唐时期一座富丽堂皇、景色优美的开放式园林。曲江当时水域面积颇大，碧波粼粼，彩舟竞渡。四周有数不清的可供观景的亭台楼阁，遍种名树、花卉。贵族和文人雅士趋之若鹜，帝王也经常游赏饮宴于此。“三月三日天气新，长安水边多丽人。”每到春秋两分及重要节日，城里的皇室贵族、达官显贵都会携家眷来此游赏，樽壶酒浆，笙歌画船，宴乐于曲江水上。优美的环境、丰富的人文气息也吸引了大批文人雅士吟诗作画。

曲江流饮

在唐朝的长安城南，有不少带“曲”的名胜古迹，“曲”在古汉语中有“隅”的意思。“隅”从“阜”，即土山，山水弯曲边角处。韦、杜二曲多显贵别墅，唐鸾台侍郎韦安石别墅的后花园就坐落在这里。杜曲在韦曲东十里少陵原上，诗圣杜甫曾在此居住，其号“少陵野老”即来源于此。

唐代科举考试中，进士考试是科举中最难的一科。正所谓“三十老明经，五十少进士”。“岁岁人人来不得 ，曲江烟水杏园花”，而举子们一旦中第，对这样一件关乎个人、门庭荣辱的大事，自然是要好好庆祝一番的，庆祝的形式就是举行曲江宴。又因举行宴会的地点一般都设在杏园曲江岸边的亭子中，所以也叫“杏园宴”。宴会之后，新中进士即将上任的士人们，将各奔前程，以后难有见面机会，所以又被称为“离宴”。

每逢上巳日（农历的三月三日），正赶上唐代新科进士正式放榜之后，踏着仲春的草色，踏青赏春。每当新科进士及第总要在这里乘兴作乐，放杯至盘上，放盘于曲流上随水转，按照古人“曲水流殇”的习俗，酒杯流至谁前谁就要执杯畅饮，并当场作诗，由众人对诗进行评比，称为“曲江流饮”。

后来“杏园宴”逐渐演变为文人雅士们吟诵诗作的文人聚会。盛会期间同时举行一系列趣味盎然的文娱活动，引得周围四里八乡男女老幼围驻观看，好不热闹。而“曲江流饮”是文人聚会一种风雅的娱乐方式。据《全唐诗》记载，大诗人李白、杜甫、白居易、李商隐、张籍、元稹、刘禹锡、韦应物、温庭筠、卢照邻等都曾到曲江一游，给世人留下许多脍炙人口的优美诗句。

4.5. 长恨离歌

继李白、杜甫之后，长安诗坛上最为耀眼的诗人当属白居易。白居易继承杜甫现实主义传统，他的代表作品《长恨歌》《卖炭翁》《杜陵叟》《秦中吟》等。

长恨歌

其中最具代表的《长恨歌》讲述了唐玄宗和杨贵妃在安史之乱时的凄美爱情故事，“九重城阙烟尘生，千乘万骑西南行。翠华摇摇行复止，西出都门百余里。六军不发无奈何，宛转蛾眉马死。花钿委地无人收，翠翘金雀玉搔头。君王掩面救不得，回看血泪相和流。”当时反叛唐朝的安禄山军队攻入潼关，唐玄宗携杨贵妃、宰相杨国忠、太子李亨以及诸皇亲国戚、心腹宦官，离开当时世界上最繁华的都市长安，逃往四川。次日晚行至马嵬驿时，护驾军士砍杀了祸国殃民的杨国忠，并要求唐玄宗立即处决杨贵妃。此时的唐玄宗无奈让杨贵妃接过帛带，在一棵梨树上自缢。一名绝代佳人，就这样结束了生命。在马嵬黄土下长眠。

5. 新时代的西安文学

西安有着厚重的文化积淀，是文学的乐土。长期以来的浓郁的关中文化氛围，让西安的文人作家在这里受到了尊重，即使清贫也能乐在其中。近代曾经出现以西安为中心，波及咸阳、长安、三原、蒲城等市县，出现了专门从事文学创作活动的青门萍社，当时活跃于西安的学者、诗人都曾受到过它的影响。但这些文人又都不为青门萍社所囿，闪耀着璀璨的光彩。

新中国成立后第一个对西安文学创作有很大影响的就是柳青的《创业史》。改革开放以后，关中文学的新一代脱颖而出，已经形成了一支具有地域特色的强大的作家队伍。陈忠实、贾平凹就是西安作家中最为响亮的名片，其中关中平原文学的代表，陈忠实的《白鹿原》获得中国文学最高奖——茅盾文学奖。

西安有着庞大的文学爱好群体和作家队伍。这支队伍汇成了一条流淌不息的河流，在全国文学界都有着不可忽视的影响。

5.1. 新中国农业合作化的缩影——《创业史》

当代著名作家柳青是新中国西安文学里程碑式的人物。柳青原名刘蕴华，陕西省吴堡县人，当代著名小说家。解放战争后期，又辗转回陕北深入生活。1952 年他把全家从北京迁到陕西省长安县，并住进皇甫村，深入生活，一心一意参加农业合作化运动，并进入《创业史》的创作过程。柳青看到当地的村民生活拮据，他把自己吃的小米送给村里的困难户，还为村里建起了小型发电站用于发展生产。

小说《创业史》中的农耕场面

1960 年 4 月，柳青将《创业史》第一部 10 万册的稿酬 16065 元，捐给王曲公社做工业基建费用；1961 年开始写《创业史》第二部时，他向中国青年出版社预借 5500 元稿费，为皇甫村支付高压电线、电杆费用。1963 年到 1964 年，柳青两次参加长安县的社会主义教育运动，他冒着风险，和打击一大片的极左思潮进行斗争，保护了一批农村干部，深得人心。

《创业史》一书以梁生宝互助组的发展为线索，表现了我国农业社会主义改造进程中的历史风貌和农民思想情感的转变。柳青在皇甫村生活了 14 年，对长安当地农村中各种人物了如指掌，这给他塑造人物形象提供了极为有利的条件。这部巨著蕴藏着作者常年农村生活的丰厚积累，成功地塑造了梁生宝、梁三老汉等人的形象，特别是主人公梁生宝在披荆斩棘带头创建社会主义大业中，有胆有识，既有宏伟的气魄，又有实干精神。在他的身上让人既看到了勤劳、朴实、善良的关中人传统美德，又有大公无私、不计个人利益的新时代精神。

5.2. 走不出去的“白鹿原”

提起《白鹿原》，几乎无人不知，无人不晓。《白鹿原》是陕西西安灞桥区人陈忠实用六年时间创作的长达 50 万字的小说，获得了中国文学的最高奖项茅盾文学奖。小说以关中平原上素有“仁义村”之称的白鹿村为背景，反映出村里白、鹿两大家族祖孙三代的恩怨纷争以及从清末一直到新中国成立的历史。成家、生子、置地、盖房，是《白鹿原》主人公的人生目标，也是几乎每一个关中农民的理想。关中平原西起宝鸡，东迄潼关，东北有黄河、渭河蜿蜒于中部，南有秦岭山脉阻隔，位于暖温带半湿润地区，又称渭河平原。这里土地肥沃，降雨丰沛，自然条件优越，适于农耕生产。关中有四塞之固，一马平川，既利耕作，也便交通。周秦汉唐盛世的辉煌文明均成就于关中平原这片天府沃土中。由于长期处于政治文化核心区域，使得这里的农耕文化积淀深厚。适合农耕的自然地理条件孕育出关中人以农为本、重土安迁、自强不息的精神。同时，关中平原受到陕北高原和秦岭山的阻挡，这片土地上的人们也显得保守与狭隘。

陈忠实

白鹿原是陕西省西安市境黄土台塬，位于灞河，浐河之间与蓝田县焦岱镇之东的秦岭北麓篑山相接，西到灞桥区狄寨、

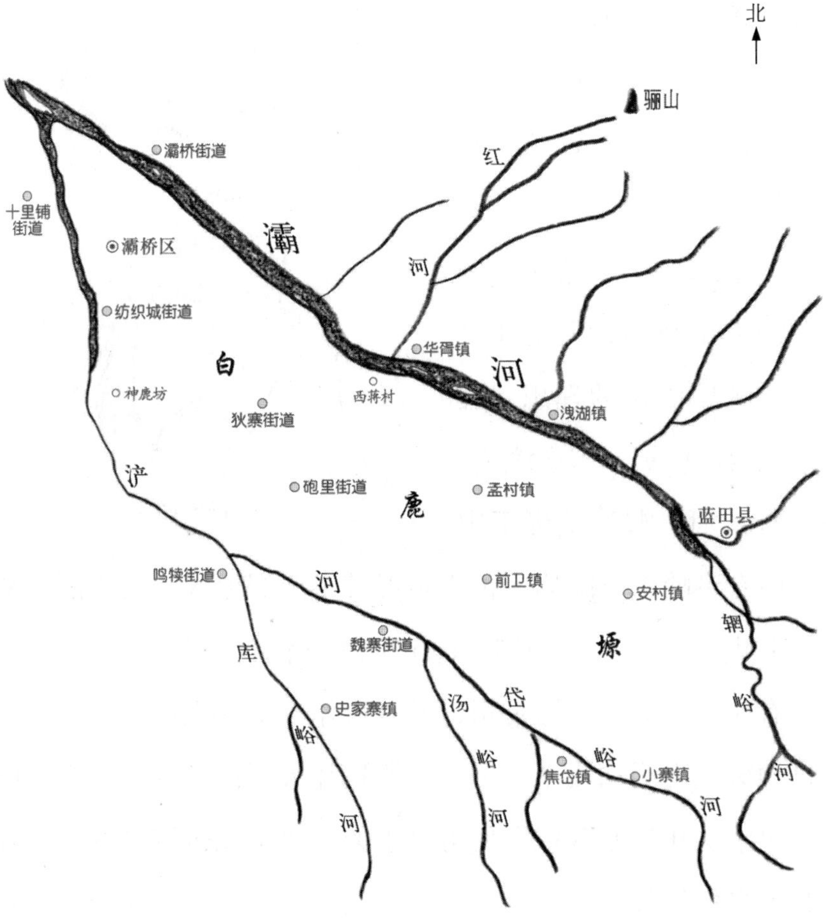
北
骊山
灞桥街道
红
河
十里铺街道
灞桥区
灞
纺织城街道
华胥镇
白
河
西蒋村
神鹿坊
狄寨街道
洩湖镇
浐
砲里街道
鹿
孟村镇
蓝田县
鸣犊街道
河
前卫镇
安村镇
辋
魏寨街道
塬
库
峪
汤
岱
史家寨镇
峪
峪
焦岱镇
峪
小寨镇
河
河
河
河
河

白鹿塬的位置

红旗及席王和长安区魏寨、砲里及鸣犊。南面及西面毗邻浐河，北临灞河，居高临下，是古城长安的东南屏障，因传说周平王迁都洛阳途中，曾见原上有白鹿游弋而得名。汉文帝灞陵位于塬上，故亦称灞陵原。因居灞水之上，故自汉代起又称灞上。白鹿塬历史上曾先后归属过芷阳、灞陵、南陵、灞城、白鹿、宁民、灞桥、长安、蓝田等县治。在西安建都的历代王朝，都把白鹿原视为吉祥的风水宝地和郊游校猎的御园。据《雍录》载："白鹿塬者、南山之麓"，呈西北向倾斜，直达红旗、纺织城及席王。东西长 30 千米余，南北宽约 10 千米，高 600～776.5 米。荆山最高处海拔 1000 米。东南高，西北低，东北端安村北高出灞河 240～320 米，西南端灞桥区内高出浐河 150～200 米。因浐、灞河流水系的不断冲刷，形成了阶梯级河川。

5.3. 西望"废都"

在西安要是有人说不知道贾平凹的名字，会被周围的人嘲笑的。20 世纪 90 年代，贾平凹最具争议的小说《废都》横空出世，以历史文化悠久的古都西安当代生活为背景，从作家庄之蝶的起居生活，展现了浓缩的西京城形形色色"废都"景观。经历了汉唐时期的辉煌地位，宋元明清时的西安城，虽是历代朝廷最为重视的西北军政重镇，但已经失去了都城的荣耀，逐步退出中国政治的中心位置。唐宋以后由于北方河流水量日益减少，不利于水利漕运，另外由于频繁的战乱对自然资源没有限制地掠夺，导致了关中周边地区自然条件恶化。随着时间的推移，关中地区资源日趋紧张，经济发展也随之出现了停滞，所以才被称为“废都”。

贾平凹以历史文化悠久的古都西安当代生活为背景，在书中描写了个性鲜明、灵性聪慧的关中“闲散文人”作家庄之蝶等人的起居生活，让我们看到了西京城里面形形色色的废都长安景象。

第二节　书画

1. 盛世绘画

西安作为中国古代的历史文化名都，历史上就有长安绘画的传说。长安绘画启蒙于西汉壁画，隋唐时期绘画有了全面的发展，人物画取得了非凡的成就，山水画逐渐成熟，花鸟与走兽也作为一个独立画科引起人们注意，可谓异彩纷呈。盛唐时期是中国绘画发展史上一个空前繁盛的时代，也是一个出现了巨人与全新风格的时代。唐代长安画坛上名人辈出，涌现出如阎立本、展子文、李思训、韩滉、韩幹、李成，以及北宋的范宽等一批绘画名家，引起了人们的关注，可以说画种纷呈，多姿多彩，各擅胜扬。

1.1. 六试婚使

唐初雍州万年（今陕西省西安临潼区）的阎立本，官至宰相。因为精通工艺，多巧思，工篆隶书，对绘画、建筑都很擅长，隋文帝和隋炀帝均爱其才艺。入隋后官至朝散大夫、将作少监。兄阎立德亦长书画、工艺及建筑工程。父子三人并以工艺、绘画闻名于世。代表作品有《步辇图》《历代帝王像》等。

阎立本

《步辇图》是阎立本名作之一，它表现的是吐蕃使者禄东赞朝见唐太宗时的情景。贞观十四年（公元 640 年）吐蕃王松赞干布仰慕大唐文明，派使者禄东赞到长安通聘，《步辇图》描绘的就是当时唐太宗与禄东赞会面的场景。

当时唐朝拥有世界最先进的经济文化。吐蕃的松赞干布派使者禄东赞携带众多的黄金、珠宝等，率领求婚使团，前往唐都长安请婚。不料，天竺、大食、仲格萨尔以及霍尔王等同时也派了使者求婚，他们均希望能迎回贤惠的文成公主做自己国王的妃子。为之，唐太宗李世民非常为难，为了公平合理，他决定让婚使们比赛智慧，谁胜利了，便可把公主迎去，这便是历史上的“六试婚使”（又称“六难婚使”）。

禄东赞

第一试：绫缎穿九曲明珠，即将一根柔软的绫缎穿过明珠（有说汉玉）的九曲孔眼。

第二试：辨认 100 匹骒马和 100 匹马驹的母子关系。

第三试：规定百名求婚使者一日内喝完 100 坛酒，吃完 100 只羊，还要把羊皮揉好。

第四试：交给使臣们松木 100 段，分辨其根和梢。

第五试：夜晚出入皇宫不迷路（也有说是辨认京师万祥门内的门）。

第六试：辨认公主。

禄东赞依靠自己的聪明才智，成功地一一破解了难题，赢得了最终的胜利。

1.2. 牛马画

唐代著名画家韩幹，是京兆蓝田人，相传年少时曾为酒肆雇工，经王维资助，学画十余年而艺成。擅绘肖像、人物、鬼神、花竹，尤工画马，经历唐玄宗年间，被召入宫封为“供奉”。韩幹经常到马厩里去，细心观察马的习性，对比找出马的性格特征，找出马的动作规律，并把各种各样的马记录在案。日子久了，人们对韩幹经常进入马厩，甚至搬到马厩里和饲养人一起住感到奇怪。韩幹回答说：“我学习画马，马厩里所有的马都是我的老师。”为了深入了解马的习性，他常痴呆地观察上几个时辰，把别的画家不了解的具体细节都

韩幹

弄得清清楚楚，并牢记心上。这样时间久了，马的各种体貌，奔跑雄姿，千变万化的动态，作画之时自然而然就展现在纸上。所以人们都称赞韩幹笔下的马是能跑动的马。

韩幹隐居期间，一天夜里，有一个穿红色上衣戴着黑帽子的怪人进了屋。韩幹先是吃了一惊，然后问他："谁让你来这儿的？"回答说："我是鬼的使者，听说你擅长画马，请你为我们阴界画一匹马。"韩幹立即为这位鬼使画了一匹马，鬼使说："承蒙您送给我一匹良马，免去我长途旅行翻山过河的劳累，我也要对你的盛情表示答谢。"第二天，不知从哪里来的人，送给韩幹上好的素色细绢100匹。韩幹收下，后来都使用了。

唐代中后期的宰相韩滉是京兆长安（今陕西西安）人，也是著名的画牛专家。韩滉善画农村风俗和牛、马、羊、驴等。其画牛之精妙乃为中国绘画史千载传誉之佳话：古人说韩滉画牛"落笔绝人"；对于其牛畜画，陆游谓之有生难见之"尤物"，赵孟頫称其为"稀世名笔"、金农叹为"神物"；又有清代画家钱维成将韩滉与韩幹并称为"牛马专家"。《五牛图》是韩滉的代表作。

在一个天气晴和的日子里，韩滉带领随从来到郊外田间小道上，迎着和暖的春风，心旷神怡。看到几头耕牛在低头食草，两三牧童在嬉耍，一个牧童骑在牛背上吹笛，逍遥自得。远处又见一头耕牛翘首而奔，另有几头耕牛纵趾鸣叫。有的回头舐舌，有的俯首寻草。在开阔的田野里，有几位农夫正在田间用牛耕地翻土。韩滉看得出神，连忙命随从取出画夹，他全神贯注地速写出一幅幅耕牛图景。经过一个多月的反复修改，终于绘出状貌各异的五头牛。一头牛在低头慢慢地食草；一头牛翘首向前奔驰，仿佛是撒野的猛兽；一头牛在回顾舐舌，露出一副旁若无人的样子；另一头牛则纵趾而鸣，好像在呼唤着离去的伙伴；还有一头牛在缓步跂行，似乎走向田头，又仿佛耕地归来，令人回味无穷。整个画面，用笔粗放中带有凝重，显示出农村古朴的风俗。韩滉对这幅画的创作非常满意，取名为《五牛图》。

取材于《五牛图》

1.3. 画圣“吴道子”

吴道子

唐代著名画家，被誉为一代“画圣”的吴道子，由于他在画坛上有些名气，公元713年左右，即被唐玄宗召到京都长安，入内供奉，充任内教博士，并命他“非有诏不得画”。吴道子入内供奉之后，多在宫中作画，有时也随从玄宗巡游各地。一次，他随驾去东都洛阳，会见了将军裴旻和书法家张旭，三人各自表演了自己的绝技：裴旻善于舞剑，当即舞剑一曲；张旭长于草书，挥毫泼墨，作书壁；吴道子也奋笔作画，“俄顷而就，有若神助”，人谓“一日之中，获睹三绝”。

据记载吴道子曾在长安兴善寺当众表演绘画，长安市民扶老携幼，蜂拥围观，他画画，仅用白描线条，尚未着色，就显现出了色彩感和立体感，出神入化，堪称一绝。据说吴道子“弯弧挺刃，植柱构梁，不假界笔直尺”，画直线和曲线完全是空手描出。又有记载说他做佛像，最后画圆光的时候，“转背挥墨，一笔而成”。当观者看到吴道子画兴善寺中门内神圆光时，“立笔挥扫，势若风旋”，一挥而就。“人皆谓之神助”，无不惊叹，发出喧呼，甚至惊动了几条街道。长安菩提寺佛殿内有吴道子画《维摩变》，其中舍利佛描绘出转目视人的立体效果。赵景公寺画的执炉天女，窃眸欲语，表情极其生动。还有记载，他在长安千福寺西塔院画的菩萨就是以自己为模特，画出的形貌如真人在眼前，神异特别。

据《历代名画记》记载，赵景公寺老僧讲，吴道子《地狱变相》画成后，“都人咸观，皆惧罪修善，两市奢沽，鱼肉不售”。说的是长安众人都去观看，惧怕下地狱受苦，齐心向善，街市的鱼肉都卖不出去了，因为佛教戒杀生。

1.4. 人物画

唐代尤盛人物画，此或许是时代所需求。画家张萱，长安（今西安）人，以善绘贵族仕女、宫苑鞍马著称，在画史上通常与另一稍后于他的仕女画家周昉相并提。张萱的《虢国夫人游春图》卷与周昉的《簪花仕女图》组成的《唐宫仕女图》并称

张萱所画仕女图

中国十大传世名画。

周昉是盛、中唐时期长安最著名的宗教、人物画家。他初学张萱，后自创风格，善画浓丽丰肥的仕女，又极能写真。郭子仪的女婿赵纵请周昉与韩幹为其各画一肖像，并挂于室，让人们评品优劣，谁也评定不出来。正赶上他女儿赵夫人回来探亲，令公问：这两幅像画的是谁？赵夫人回答说：是我的赵郎君子。郭令公问：哪幅画像最像？赵夫人答：两幅画像都很像。但是，后一幅最好。郭令公问：为什么这样说呢？赵夫人答：前一幅画像只是赵郎的容貌画得像，后一幅神态、表情、说笑的姿态都画出来了。郭令公问：后一幅是谁画的？有人回答说：是周昉画的。当天定出两幅画像的优劣后，郭子仪让人给周昉送去锦彩几百匹，以表谢意。此事被传作佳话。

2. 长安画派

新中国成立初，赵望云、石鲁、方济众、何海霞等人组建原“中国美术协会西安分会”国画创作研究室，定时讲授国画创作、技法、追求和应用，在从事艺术创作的同时，培养青年一代画家。1961年，以赵望云和石鲁为核心的创作团体，美协西安分会国画教研室“国画习作展”在北京展出，《人民日报》以《长安新画》为题发表展出作品，自此“长安画派”开始声名鹊起。他们的绘画题材以山水、人物为主，兼及花鸟，作品多描绘西北，特别是陕西地区的自然风光和风土人情。在创作手法上，他们致力于中国画的继承与创新，以巧妙的构思和苍厚质朴的笔墨，表现浑朴苍茫的西北风光，在当时的中国画坛上产生了极大反响。

“长安画派”喊出了“一手伸向传统，一手伸向生活”的艺术口号，以积极、开放的心态，接纳各地有潜力、创造力的画家共同来绘画创作，从而迅速崛起。把长安画派的壮大、发展推向了一个高度，在西北影响了一大批人。赵望云、石鲁积极培养青年画家，康师尧、黄胄、方济众等人都是杰出的代表。

长安画派的创始人赵望云，在20世纪40年代就开始描绘西北地区的山川风光和农村风物，并作敦煌之行，临摹石窟壁画。长安画派的另一位主要创始人石鲁常以华山、荷花为题，笔力纵恣雄豪。《华岳之雄》《荷雨图》就是其中的代表之作。

华岳增辉

在石鲁的山水画中，黄土高原题材当是最大的一类。这一类在他二十世纪五六十年代的作品中占了绝大的比重，但后来所占比重却是不多了。即使偶然有之，也多是以朱砂画的小品，而绝少有数尺大的鸿篇巨制。石鲁更希望开创出属于自己风格的作品。

与关中平原近在咫尺的西岳华山，正是他胸中的意象。那高耸于天际的峻嶒三峰，海拔2200余米的高寒，与秦岭连绵相接的磅礴气势，雄踞潼关、俯瞰黄河的险要地形，石骨显露的花岗石地质结构，正是他胸中的丘壑所在。不是生于斯却是长于斯的石鲁，为这天造地设的大自然奇迹所慑服，他要取它为自己胸中的物象，他要为它造像。要想画好华山，最要紧的是要把握好华山的那种磅礴气势，要画出华山不同于其他名山之处的那个“险”字，他要把华山作为一个人来画，作为一个什么人？一个顶天立地的伟人，一个雄壮的男人，这才是华山的精髓。华山上的树不多，只见一派山骨，铮铮铁骨，直上直下，自古华山一条道，这种感觉，走到莎萝坪向上看就完全产生了。再到北峰，朝着对面的苍龙岭往前看：华山的东、西、南三峰并峙，他说：据我观察，华山的石头纹路硬是和其他的山不同嘛，华山，就是一个风格独特的伟人！你要注意，华山和黄山不同，画它不能用云雾烘托的方法。中国古人画山水喜欢用云气，这当然很好，可以遮掉一些不好交代的东西。但是这个方法画华山就不行，因为华山上的云雾很少，它在干旱的北方嘛，哪里来的那样多的云啊雾啊的。只有把它当成人来画，当成男人来画！峨眉山是女人，华山是男人！

3. 凤翔年画

在繁花似锦的民间年画艺术中，关中民间年画以淳朴清新的艺术风格、富有乡土特色的形式品种和贴近百姓生活的内容而别具一格。在肥沃的土地上世代耕种的关中人民，悠久的历史文化根基由此产生和发展了绚丽的民间年画，关中民间年画作品多出自农村画师的手笔，因而更富有浓郁的乡土色彩，成为乡情味浓郁醇厚的民间艺术。其中以凤翔木版年画最具代表性。

凤翔年画始于唐宋，兴于明清。明正德年间（公元 1506—1521 年），邰氏家族就已有八户从事年画刻印或贩卖。年画的版样经过数代的积累，逐渐地丰富，邰式也成为凤翔年画最重要的老字号和传承脉络。清末，邰家创立“万顺画局”，后人传承又改名为“世兴局”。最鼎盛时，家族有 70 多家年画作坊，年产量高达 600 万张。

关中民间年画富有深厚的民俗内涵。既有将军及天官的样式，又有天仙、童子等活泼喜庆的形象，特别是凤翔木版年画中的门神画，秦琼、敬德挥鞭执锏威武喜庆的形象广受欢迎，造型更夸张，但也显得更威猛。

凤翔年画

过年，是一年里贴年画最主要的时候。老传统里，腊月二十三，家家户户都要“扫社”，把旧的门神、“家宅六神”和屋内墙上的年画撤下来并烧掉，“送上天”以祭灶王，再把里里外外打扫干净。到了大年三十，门扇上贴门神，门框上贴对联，院子灶房贴“家宅六神”——“天神”贴上院中，“土地”守至门口，“灶王”进厨房，“仓神”到粮仓，“龙王”看水井，“牛马王”护马房。大户人家则客厅挂“中堂”画，屋内贴风俗画，窗扇上搁“十全十美”，戏剧故事贴满炕墙。因此凤翔木版年画是周边地区的农村辞旧迎新必不可少的装饰品。

4. 户县农民画

在20世纪50年代，位于关中腹地的西安市户县（今为鄠邑区）在传统的剪纸、刺绣等汉族民间艺术的基础上孕育出“户县农民画”这种民间艺术。户县农民画历史悠久，起源于民俗绘画，与当地戏剧、民间社火、龙灯等民间艺术一脉相承。早期农民画，以反映农村面貌、农民生活为主，如著名的《公社鱼塘》《大队养鸡场》《喜开镰》等作品受当地民间艺术影响。户县农民画基本采用写实手法，画风淳朴生动。

户县农民画

画面里的人物、动物、植物构图简洁饱满，想象大胆丰富，色彩以夸张的大红大绿为主，视觉效果强烈。

改革开放后，户县农民画开始向民间美术学习，搜集、整理民间剪纸、刺绣、布艺等民间艺术作品，吸收其营养。在新生力量的加入下很快形成了一个新的局面，户县农民画得到空前的发展。户县农民画创作进入新的时期：栩栩如生的农家生活，独具特色的民风民俗，欢天喜地的节日庆典都一一入画。农家小院恬淡的生活气息，关中平原辽阔的自然风光，北方农民豪爽的精神气质，无不生动地跃然纸上。

户县农民画不断地提高、创新、升华、成熟，逐步走出户县，走向全国，走向世界，成为全国影响力最大的农民画乡之一，代表人物有李凤兰、刘志德、雒志俭、樊志华、刘知贵和王景龙等。

提到户县农民画，就不得不讲起李凤兰这位让人敬佩的农民画家。李凤兰从小就对剪纸艺术产生了浓厚的兴趣，随后，在剪纸技艺的基础上，她又开始转向绘画，发现了农民画丰厚的艺术内涵，她决定通过农民画这一民间的技艺，让更多的人了解农村，了解农村人们的生活状态。作为一位农民画家，她的作品主要地展现农村的自然风光，以农村的生活为主题，她生于陕西户县（今为鄠邑区），而户县的农民画有着十分深厚的文化底蕴，延续了户县在民间绘画方面形成的自己的特色。

她的作品在二十世纪六七十年代就被《人民日报》《工人日报》《文汇报》《陕西日报》《解放军书报》等刊物发表，个人事迹被译成英、日、法、澳等多种语言对外宣传报道，艺术作品在世界30多个国家及地区巡回展出，多幅作品被国内外权威艺术馆收藏，她是户县农民画作者队伍最具影响力的画家之一。她的主要作品有《喜开镰》《喜摘新棉》《春锄》《吉祥牡丹》《三鲜图》《稻草小鸡》等。

户县农民画家趣事：

4.1. 年轻媳妇背小伙

1958年的秋天，户县（今鄠邑区）文化馆在甘峪水库水利工地上举办了一期农民画创作训练班，训练班离县城几十里地，设在半山腰上的工棚里。就这恶劣的环境，也阻挡不住青年人学画的决心。在参加训练班的作者队伍中，大部分是年轻人，他们来自户县各地。一天，下着毛毛细雨，一条河挡住了几个年轻人，胆子大的人已经蹚水过了河。河这边只剩下两人，一个25岁年轻媳妇和一个15岁的小青年。小伙子人瘦个子小，难以过河，正在犯愁，急得想哭。这时那个年轻的媳妇开口了：“小兄弟，别急，姐我背你过河。”小伙子开始有些为难。年轻的媳妇说：“都男女平等了还嫌怪吗？”说着就让小伙子拿上学习工具，把小伙子背在自己背上，一步一步小心地蹚水过了河。后来这件事在训练班传为佳话。这个当时年轻的媳妇就是现在著名的农民女画家李凤兰，那个小伙子就是著名的农民画家樊志华。

4.2. 报纸做媒人

户县大王联庄宋厚成是户县早有名气的农民画家，可是在20世纪60年代的他为婚姻大事犯了愁。原因是在那个年代，虽然他聪明好学，练就一身能画能写的本领，但由于出身地主家庭，没有人愿意把女儿嫁给这个高成分的人。就这样二十好几的大小子还一直没成家，急得全家人团团转。千里姻缘一线牵，宋厚成忽然收到一封来自陕南的信件。他很奇怪，“自己在汉中没有熟人，谁能寄信？”打开信后更是新奇。原来是一个姑娘在《陕西日报》上看到宋厚成的作品后，产生了爱意，是来信求婚的，信中并寄来了照片，端庄的人儿，也打动了宋厚成的心。从此信来信往，婚事终成。他们现在已是祖孙三代的美满家庭。这真是美术联佳姻，报纸当媒人。

4.3. 二牛娶下好媳妇

1984年的一天，户县招待所里正在召开全县农民画作者代表大会，确实是会里会外非常热闹，因为这次会是由中共户县县委和县政府组织和主持召开的，能参加会议的自然是户县农民画家队伍里的能人上将。中午休息，从招待所外边进来几个人，其中一个高个俊秀的姑娘进门就问：“参加会议的人中有没有一个叫‘屈二牛’的小伙子？这人怎么样？”大家一致称赞地回答：“二牛是个手巧心灵的好小伙子。”但大家却也为二牛捏一把汗，因为他两条胳膊不一样长。当他们见面以后，二牛也不避短，他的心灵手巧已打动了姑娘的心。加之二牛这憨厚诚实的表情，更引人喜爱。就这样的好小伙也有人嫌他是残疾人，坏了几次亲事。偏偏就有这个姑娘不嫌二牛残。有情人终成眷属，姑娘冲破世俗，和二牛结为美满婚姻，而且成为二牛的助手，人们都称赞“二牛娶了个好媳妇”。

4.4. 干馍蛋救了画家命

人称“画乡怪杰”的王京龙，这个人的思路就是和别人不一样。1993年7月份，他和画家雒志俭、魏鹏朋一行三人应邀到美国俄亥俄州立大学进行展览和访问表演。当他们乘机到达美国以后，在出机场检查行李时，检查人员把王京龙带的一个袋子挡住了，不让过关。打开一看，原来是一袋子“油炸干馍蛋”，美国人不知这是啥东西。这时魏鹏朋上前解释，就亲自示范吃了一块，说明是为了“换水土”带的食物，美国人听懂了以后才放了行。就这误了不少时间，开始大家抱怨王京龙不该把这“土食品”带到国外来，惹来不少麻烦。可王京龙不以为然地开玩笑说：“谁嫌土气，以后肚子饥了不准吃。”说也奇怪，国外的饭就是不合中国农民的口味，开始几天就把他们饿得受不了。多亏王京龙带的这袋子“干馍蛋”救了他们的命，没几天这就被他们分着吃得一干二净。说实话这次出国访问的成功，的确还有这袋子“油炸干馍蛋”的一份功劳。

第三节　梦回汉唐

在关中人的心目中，汉唐两朝是无与伦比的辉煌时代。汉唐两朝都定都长安（今陕西西安），长安成为汉唐帝国的政治、经济、文化中心。那个时代的陕西属于汉唐帝国的京畿地区，是最为重要的统治中心。自从丝绸之路开通后，长安就成为东方文明的中心，在唐代最鼎盛的时期人口超过百万，成为中国古代人口最多的国际化大都市。汉朝这个以华夏族为主体的民族被命名为中国人口最多的民族，叫作“汉族”。书写的文字被称作“汉字”。这都是在汉唐帝国留给今人的盛世文化遗产，也成为我们民族的烙印。汉唐两朝是国家统一、文化昌明、武功强盛、国威远播的时代。汉朝有文景之治、汉武盛世，而唐朝则有贞观之治、开元盛世。

从西汉张骞通西域之后，中国人打开了通往欧亚大陆西部世界的陆上通道——丝绸之路。丝绸之路作为东西方商贸与文化传播之路，使东亚文明与中东文明、欧洲文明相互碰撞和融

丝绸之路

合，加速了世界经济社会的发展，影响着人类历史文明的进程。张骞出使西域的初衷是为了联合大月氏部落反击匈奴，虽未成功却得到了意外的收获。不仅有了乌孙的“天马”，而且还有大量的畜牧产品，如毛皮、苜蓿、葡萄和石榴。汉王朝流光溢彩的丝绸、精美的瓷器等，随之传入西方，受到西方人的赞赏。而西方的瑰丽珠宝、袭人香料等，也随深目高鼻的使节、商贾，流入中原。

大唐王朝积极与西方的交往，让中外进入一个崭新的时代。建唐伊始，唐太宗在励精图治的同时，对外国和国内少数民族采取较为平等的态度。他说：“自古皆贵中华，贱夷狄，朕独爱之如一。”积极经营西部，使东西交往的“丝绸之路”畅通。唐

今日大唐西市

都长安是世界帝都之冠，是历史上东方和西方商业文化交流的汇集地。盛唐时期的长安城中设有东、西两大市场。东市是国内市场，西市是国际市场，也称为“金市”，是当时规模宏大、国际贸易繁荣的商业市场。

西市位于唐长安皇城的西南方，始建于隋（公元581年—公元617年），兴盛于唐（公元618年—公元907年），占地106万平方米，建筑面积100多万平方米，有220多个行业，繁华程度盛极一时。当时的西市商业贸易西至罗马、东到高丽（今韩国和朝鲜），是占地面积最大、建筑面积最大、业态最发达、辐射面最广的世界贸易中心、时尚娱乐中心和文化交流中心。西市以其繁荣的市场体系、坚实的经济基础支撑着整个丝绸之路的贸易体系，是丝绸之路真正意义上的起点。

1. 西市趣事

1.1. 破镜重圆

陈后主的妹妹乐昌公主，风华绝代，嫁给太子舍人陈德言为妻。隋灭陈之际，江南大乱，陈德言对妻子说：“以你的才貌，国破之时，迟早会被哪个权贵掠去隋都，恐怕我们永无相见之日。”破开一枚铜镜，交给乐昌公主一半，“日后的正月十五，你可执半枚铜镜到隋都的市场去卖。若我还活在人间，一定会到那里去找你。”陈灭后，乐昌公主果然为权臣杨素所得，深受宠爱。陈德言在战乱中侥幸活了下来，一路追寻，也来到隋都大兴城（即唐长安城）。正月十五日，他来到西市。一位白发苍苍的老人正售卖那半枚铜镜，要价奇高，引来市中人一阵嘲笑。陈德言急忙将老人请到自己住的地方，说明情由，将自己保存的半枚铜镜取出，恰合成一枚完整的圆镜。遂题诗于上：“镜与人俱去，镜归人不归。无复嫦娥影，空留明月辉。”乐昌公主读后，潸然泪下，不思饮食。幸运的是，杨素得知此事，为二人的情意所感，很大度地成全了这对夫妻，资助他们回到江南，偕老终身。

1.2. 窦乂买坑

窦乂是西市最有名的富商之一。出身望族，但却不依赖家庭,而是从亲戚送给他的一双丝鞋起家,成就了自己的财富梦想。

长安西市秤行的南边有“十余亩坳下潜污之地”“为旗亭之内，众秽所聚”，成了倒放垃圾的地方。窦乂要买这块地方，其主人量也不量，收了三万文钱就走人。窦乂在水洼中立一木杆，杆顶挂一面小旗。再围绕着地沿塔起六七座临时小房，雇人制作煎饼、团子等食品。招呼小孩投掷石块、瓦片击木杆上面的小旗。击中的，奖给煎饼或团子吃。两街的小孩争相前来投掷。不到一个月，居然有上万人次来投掷石头、瓦块，池子迅速填满了。窦乂在填平的这块地皮上，建造了铺面房 20 间。租出去，每天单房租就可以收取几千钱，获利甚多。这个地方由此得名“窦家店”，成了繁华市区。

其成功秘诀是：能先期预见到西市未来的发展前景，购买一片无人问津的低洼烂污之地，再巧为经营，终以在房地产领域的高明投资策略，成为一代巨富。

1.3. 惩治西市文身恶少

唐长安城里的这一帮闲人恶少们，以文身为时髦和标志，文身的内容也是千奇百怪，花样百出，当然文的最多的都是些飞禽走兽、凶神恶煞。文身的出现很能说明唐代社会的开放性，这个世界上最大的国际都市在经济高度繁荣的同时，也表现出了在文化潮流方面的创造性。《西阳杂俎》中有记载：

都市肆恶少，率髡而肤扎，备众物形状。恃诸军，张拳强劫，至有以蛇售酒，捉羊甲击人者。京兆尹薛元赏，上三日，令里长潜捕，三十余人，悉杖杀，尸于市。市人有点青者，皆炙灭之。时大宁坊力者张干，扎左膊曰“生不怕京兆尹”，右膊曰“死不怕阎罗王”。又有王力奴，以钱五千召劄工，可胸腹为山亭院、池榭、草木、鸟兽，无不悉具，细若设色。公悉杖杀之。又贼赵武建，扎一百六处番印、盘鹊等，右髆刺言：“野鸡滩头宿，朝朝被鹘捎。忽惊飞入水，留命到今朝。”又高陵县捉得镂身者宋元素，扎七十一处，刺左臂曰：“昔日以前家未贫，千金不惜结交亲。及至恓惶觅知己，行尽关山无一人。”右髆上扎瓠芦，上扎出人首，如傀儡戏有郭公者。县吏不解，问之，言葫芦精也。

第四节　秦之腔

“八百里秦川尘土飞扬，三千万老陕齐吼秦腔”，八百里秦川土地孕育了秦腔。秦腔是中国汉族最古老的戏剧之一，堪称中国戏曲的鼻祖。起源于关中西府（陕西宝鸡市）。秦腔又称乱弹，流行于中国西北的陕西、甘肃、青海、宁夏、新疆等地，其中以宝鸡的西府秦腔口音最为古老，保留了较多古老发音。又因其以枣木梆子为击节乐器，所以又叫“梆子腔”，俗称“桄桄子”（因为梆击节时发出“桄桄”声）。秦腔“形成于秦，精进于汉，昌明于唐，完整于元，成熟于明，广播于清，几经演变，蔚为大观”，是相当古老的剧种，清康熙时，陕西泾阳人张鼎望写《秦腔论》，秦腔已发展成熟。

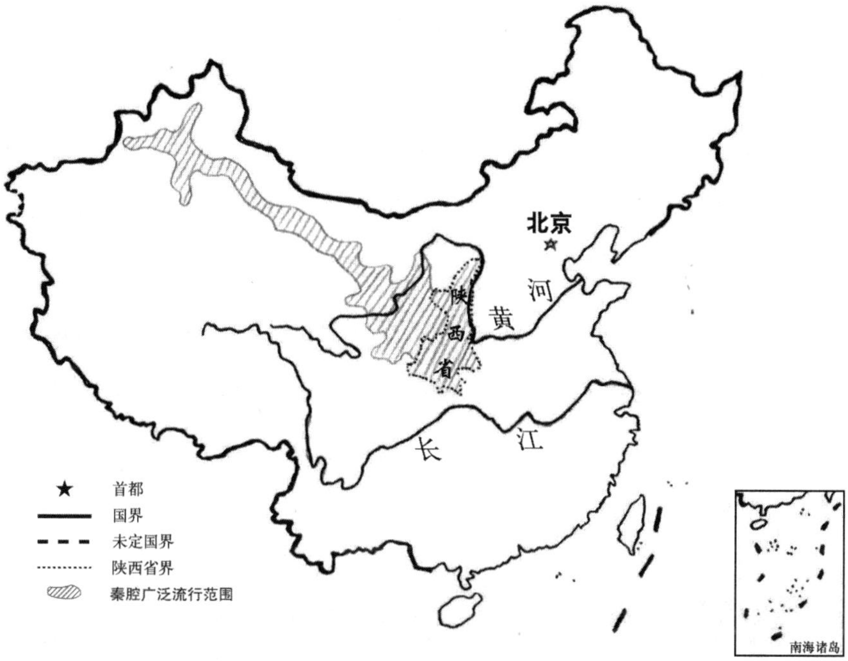

秦腔分布范围

秦腔的流派包括：流行于关中东部渭南地区大荔、蒲城一带的称东路秦腔（即同州梆子，也叫老秦腔、东路梆子）；流行于关中西部宝鸡地区的凤翔、岐山、陇县和甘肃省天水一带的称西路秦腔（又叫西府秦腔、西路梆子）；流行于汉中市的洋县、城固、汉台区、沔县一带有汉调恍恍（实为南路秦腔，又叫汉调秦腔、桄桄戏）；流行于西安一带的称中路秦腔（就是西安乱弹）。

1912 年 7 月 1 日，陕西同盟会会员李桐轩、孙仁玉以及王伯明、范紫东、高培支等 160 多名热心戏曲改良的社会各界知名人士在西安创建了我国第一个集戏曲教育和演出为一体的新型艺术团体——陕西易俗社。该社以“辅助社会教育，启迪民智，移风易俗”为宗旨，将文化教育、戏曲训练、演出实践结合起来，培养了大批戏曲人才，创作和演出了许多优秀剧目，对秦腔戏曲发展产生了巨大影响，对戏曲改良起到了示范作用。易俗社与莫斯科大剧院、英国皇家剧院并称为世界艺坛三大古老剧社。

古调独弹

易俗社的戏曲改良引起了社会各界的重视。1920 年，国民政府教育部颁布训令，赞扬易俗社编演的剧本“命题取材，均有可取，不失改良戏剧之本旨”，并颁发“金色褒奖”。1924 年，鲁迅到西安讲学期间多次观摩易俗社的演出，题“古调独弹”匾额相赠，并捐献 50 元讲学金。1929 年，国民党陕西省政府主席邵力子捐资大洋百元奖励易俗社所取得的成绩。1932 年，蒋介石通过陈果夫奖励易俗社大洋 1000 元。新中国成立以后，易俗社由政府接办，并多次进京演出，《三滴血》《游西湖》《游龟山》《柜中缘》《三回头》《看女》《西安事变》等优秀剧目享誉全国。

秦腔粗犷豪迈，奔放苍凉、慷慨悲壮、雄劲激越，显示了关中这个曾经建立过周秦汉唐等 13 个历史王朝的京畿之地朝气蓬勃的旺盛生命力和精神个性。肥沃的关中平原、渭河蜿蜒盘桓，平坦的地形天然地赋予了秦腔这种古老艺术以独特魅力。秦腔艺术充盈着一股悲剧英雄主义的情愫，吼出八百里秦川王气脉聚的庄严。秦腔是秦地勤劳朴实的人们情感压抑的宣泄方式。在关中秦人创作的故事内容中，不仅仅以帝王将相以及忠臣义士的故事内容为主，而且对人们在日常生活中遇到的各种酸辣苦甜、喜怒哀乐、沧桑感慨、生离死别、人生感悟、生活花絮都能通过秦腔表现出来。

作为秦腔八大本之一的《周仁回府》，更是秦腔悲壮情怀的典型代表。《周仁回府》取材于明《忠义列传》及清小说《大红袍全传》《小红袍全传》和弹词《大红袍》。陕西派《周仁回府》原是碗碗腔皮影剧目，流行于陕西东府和渭北。清末时，由陈雨农、李云亭将其中《周仁回府》移植成秦腔演出。民国二十九年（1940年）冬，易俗社剧作家王绍猷将全本重新整理，搬上秦腔舞台，名《新忠义侠》。民国三十二年（1943年）王绍猷改编本名《周仁回府》（亦称《新忠义侠》），由陕西易俗社首演，雒秉华饰周仁，以擅唱大段哭音乱弹而名扬西安。同年任哲中得范紫东指点，将传统的周仁，由须生行改为小生行扮演，增施“耍帽翅”“甩发”等特技，改进咬字和发声，辅以抽泣性虚字润腔，唱大段哭音乱弹，如流水呜咽，娓娓动听，名噪一时。李爱琴则一改“冷过场”形式，增强了周仁唱作的俏皮、轻巧和生活情趣，亦为一绝。

周仁回府

《周仁回府》中主人公周仁为国除奸不惧生死的悲情精神，是中国传统士人所崇尚的“侠义精神”。周仁身处孤立无援的悲凉困境：

“他那厢句句话儿出了唇，我这里一刀一剑刀刀剑剑扎在心。莫道人生多苦恨，哪有这将妻送贼明知一死（我）

苦痛深哎（我）苦痛深！妻啊妻啊莫激奋，周仁与你告苦心。到我家贫寒衣食困，屈煞你半温半饱多少春。妻啊妻啊莫激奋，周仁与你告苦心。我多年兵马郎官戍机紧，可怜你女流随军走风尘。妻啊妻啊莫激奋，周仁与你告苦心。我误失皇垧坐监禁，你剪卖青丝罗衫饱我身。妻啊妻啊莫激奋，面对着亲人嫂嫂放声哭嚎倾其怒气骂周仁。你跟周仁苦受尽是周仁——娘子啊，我的娘子是我……是我，今日又要将你送入那贼手丧青春。”

秦腔趣事

西府秦腔的张班长，在武功上有不少绝活，引得不少青年拜他为师，希望能得一两手，将来有个铁饭碗。可是张班长在教徒学戏时，总要留一手，就是他的至亲好友也不例外。民国初年，他的外甥跟他学艺，十八般武艺，他都传授了，就是有一样始终未点破。这就是戴纱帽从一丈多高的地方向下连翻没底筋斗时，不能让纱帽掉下来。他外甥不是别人，就是后来的王班长。有一次他带着纱帽让舅舅给他传授此技诀窍，可是他舅总那么一句话：“慢慢你自己会明白的。”王班长满肚子的委屈，可又不敢顶撞舅舅，二话没说，出了门，就是一个鹞子翻身，接着是三百六十度的倒翻，抢背，他是咬着牙，狠着心来这一下的。谁知这一次纱帽一直未从头上落下来。张班长正好从他身边经过，见外甥这次没掉帽子，也很奇怪，就让他再来一次。王班长随着他舅的话，松了一口气，又是一个大筋斗翻身，可惜纱帽在翻身时却掉落地上，张班长这才问他外甥为什么刚才没掉纱帽。王班长很不高兴地回答：我刚才是咬着牙翻筋斗的。张班长这才轻声说了一句："是呵，翻筋斗当头朝下时，就是牙那么一咬，两鬓一鼓劲，纱帽就会紧扣头上，再翻也掉不下来。"王班长照着舅舅的话，又是一个跟头，果然纱帽紧戴。此时，张班长才意识到自己教艺留的那一手已经露出去了。

润润子代师唱《大报仇》：光绪中叶的一天，在长安的一次庙会上，会首点了润子所在戏班台柱子二楼子的《大报仇》。二楼子是当时著名的秦腔须生，人称"秦腔泰斗"，长于靠甲纱帽戏。作为徒弟的润润子多么想再看看师傅的这本拿手戏。戏没开台，他就在台上找了一个好地方坐下。谁知，二楼子临时生病，难以登台献技。班主立即把这一意外情况向会首做了说明，会首和观众都不答应。后经班主与会首反复洽商，准备让润润子代师出台。润润子一听班主叫自己代师傅唱《大报仇》，急出了一身汗，担心自己不能和师傅相比。无奈，只好硬着头皮圆这个场。他也深知：这场演出不比寻常，不仅关系着戏班收入，也关系着自己的前程。他穿戴打扮齐整后，先稳稳神，然后，揭二帘子出场。这一出场就不同凡响，几个台步、一个架势，就显示出刘备作为蜀汉主帅的仪表风度；接着，用自己全身力量，结合自己对刘备这个角色的体会，来了个亮相。人们觉得这个须生实在不同一般，有功底，有台架。下面的唱、做、念、打，他都认真严肃，掌握住分寸，把刘备为二弟报仇的心情，表演得真切感人。在《祭灵》《二启箭》两场也把自己平时偷经学艺中所掌握的绝招，不露声色地融入演出中去。台下观众越看越入迷，润润子也越唱越带劲。人们纷纷议论：这个徒弟比师傅还绝，有许多独到之处。会首也称赞润润子“青出于蓝而胜于蓝”。从此，润润子脱颖而出，成为陕西秦腔须生一代名宿。

第五章　孔道

第一节　民族迁徙

美丽富饶的关中平原，自古便是适宜人类生存繁衍的一方胜地。历史上第一个定都关中的周朝就是在这片土地上不断发展壮大，进而逐鹿中原，一统华夏。天府之国，见证了西周从发源到兴盛的点点滴滴；天下陆海，记载着周人勤劳勇敢、自强不息的伟大精神。

姬周是一个以农业生产为主的民族，传说周族的始祖后稷为大舜的农师。后稷自小便热衷农艺，长大后更是遍阅百草，掌握了一些农业方面的知识，而后便做教稼台以讲授农事，在今扶风、武功一带教先民种植谷子和小麦，传播农耕文化，成为远古时一位大农艺师，被尊称为农业始祖。后稷的“稷”字有禾有田，均与田亩庄稼有关。《史记》中也有相关的记载：“（后稷）遂好农耕，相地之宜，宜谷者稼穑焉，民间法则之”。

后稷也因此被誉为“农耕始祖”。后稷教民稼穑，不仅大大扩展了先民的食物来源，还带领周族创造了辉煌灿烂的农耕文化。后稷教稼台如今巍巍屹立在陕西武功县故城东门外，宛如写在中华大地上的一部农业史奇书。

扶风、武功位于关中平原偏西部，属暖温带湿润季风气候区，四季分明雨量充沛，且有渭河冲积平原和河流阶地，土壤疏松肥沃，比较适合工具简单的原始农业的发展。后稷所代表的是周人早期历史阶段，但到了不窋时代，由于夏后氏政衰，周人不得不“窜于戎狄之间”，经历了一段曲折的游牧生活阶

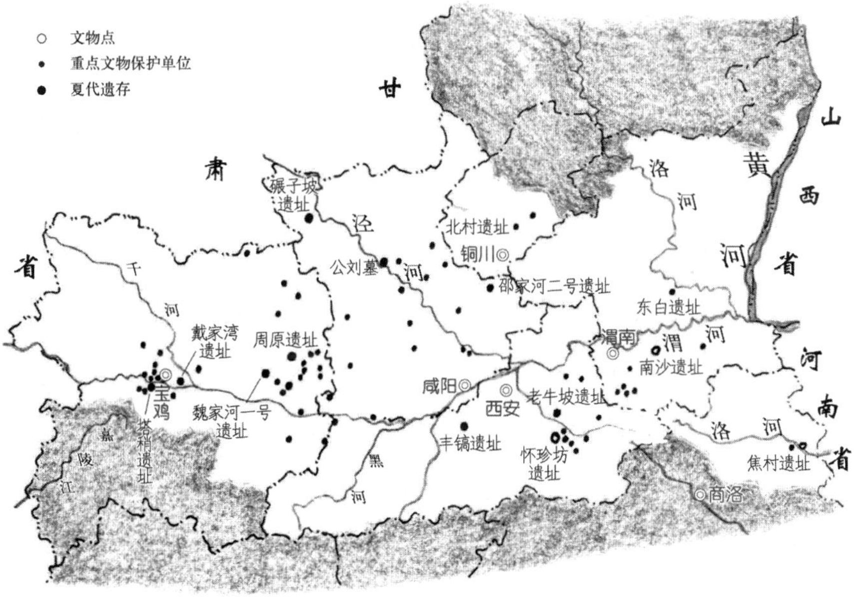

关中地区商周时期遗存图

段。《国语》中有记载："及夏之衰也，弃稷不务，我先王不窋用失其官，而自窜于戎狄之间。"然而周人虽然处在戎狄之间，还是没有受游牧民族逐水草而居的生活习惯的潜移默化，仍然保留着以前的农耕生活方式。《史记》载："公刘虽在戎狄之间，复修后稷之业，务耕种，行地宜，自漆、沮度渭，取材用，行者有资，居者有畜积，民赖其庆。""务耕种，行地宜"等记载，都体现了周人固有的农耕文化传统。

1. 由"戎狄之地"至于豳

第一次带领周人进行民族大迁徙的是周族首领公刘。《诗经》中有两次明确提到了公刘国于豳的："笃公刘，既溥既长，既景迺冈。……度其夕阳，豳居允荒"，又"笃公刘，于豳斯馆。涉渭为乱，取厉取锻"。以上诗文是对公刘带领族人发展农业生产、壮大姬周实力、最终迁居豳地的歌颂。

周人为什么要从"戎狄之间"迁到"豳地"呢？前文已经讲述过，周人在早期就是以农业为主的民族，虽然被迫迁居戎狄之间，仍然保持着农耕的传统，虽受到戎狄文化的影响，但并没有融合于其中。与此同时，姬周族经常遭"戎狄攻之"。由于传统和文化的差异，注定这两个文化传统不同、生活方式也不同的种族无法共处同一区域，因此就有了公刘带领族人迁居豳地的举动。

此外通过对“戎狄之地”和“豳地”的地理位置的辨析，也可以对周族这次重大的举族迁徙有新的认识。《周本纪》正义引《括地志》有记载：“不窋故城，在庆州弘化县南三里，即不窋在戎狄所居之城也。”唐代的庆州在汉时称北地郡，在清代隶属于甘肃庆阳府。可见当时周人被迫迁徙游牧的“戎狄之间”就是指甘肃省庆阳附近。而豳地的地理位置，大多数学者认为其在陕西省旬邑、彬县一带。两地相比，“豳地”位于黄土区，有肥沃的耕作土壤，又有泾水上游支流马莲河及其众多支流，灌溉便利，适合农耕文明的发展。因此周族首领公刘会带领族人，一路东行，历尽艰难险阻，最终到达周族先人曾经耕耘过的土地，创建了豳国。周族自此开始了较为稳定的农耕生活，在商统治中心西陲的关中平原耕耘发展。

2. 由豳至岐

周族首领古公亶父在先周的迁徙历程中，是继公刘之后的又一个重要人物。关于在古公亶父带领下的周人的迁徙，古代文献多有记载。《史记》称：“古公亶父复修后稷、公刘之业，积德行义，国人皆戴之。戎狄攻之，欲得财物，予之。已复攻，欲得地与民。民皆怒，欲战。古公曰：‘有民立君，将以利之。

今戎狄所为攻战，以吾地与民。民之在我，与其在彼，何异？民欲以我故战，杀人父子而君之，予不忍为。’乃与私属遂去豳，度漆、沮，逾梁山，止于岐下。豳国人举国扶老携弱，尽归古公于岐下。”《孟子》一书也对这段历史有所记载：“昔者大王居邠，狄人侵之，去之岐山之下居焉；非择而取之，不得已也。”在同书中还有记载：“昔者大王居邠，狄人侵之，事之以皮币，不得免焉；事之以犬马，不得免焉；事之以珠玉，不得免焉。……去邠，逾梁山，邑于岐山之下。”以上这些文献都说明了一个事实，即古公亶父带领周人举族迁于岐。

周原遗址

据相关学者考证，“土”当作‘杜’。杜为水名，流经今泾河南部的麟游县，“漆”与“沮”也是两水之名，两地均位于杜水西南方。漆水源出陕西大神山，西南流至耀州区与沮水合。沮水源出于陕西分水岭，东南流合漆水，最后两水都汇入渭水。而梁山则是横亘在泾水河谷与渭水河谷之间的一片海拔1000米的高地。岐下即为今天陕西岐山东北30千米，这里便是先周岐都的位置。

那么，古公亶父为什么要从豳地迁往岐地呢？据《史记》《孟子》的记载均提到是为戎狄所迫，在《后汉书》中也载有“戎犬寇边，周古公亶父逾梁山而避于岐下”。所以周人迁岐当有为戎狄所迫这一原因无疑，但是应该也有追求更加肥沃适宜农耕的土地这方面的原因。《诗经》有关于周原的记载：“周原膴膴，堇荼如饴。爰始爰谋，爰契我龟。曰止曰时，筑室于兹。”由此可知,周原及其附近地区在当时确实是一片适宜农耕的沃土。

然而如今的周原已经是一幅沟壑纵横、支离破碎的景观，很难想象数千年前这里的土地是如何适宜农业发展的。很显然，经过数千年的沧海桑田，这里的环境发生了很大的改变。关于周原地理环境的变化，史念海先生做过如下的复原和分析：“周原西北高而东南低下，中有沣河横贯，而沣河又有横水河、美阳河、龙尾沟水等支流。沣河就是周人所说的沮水，而横水河

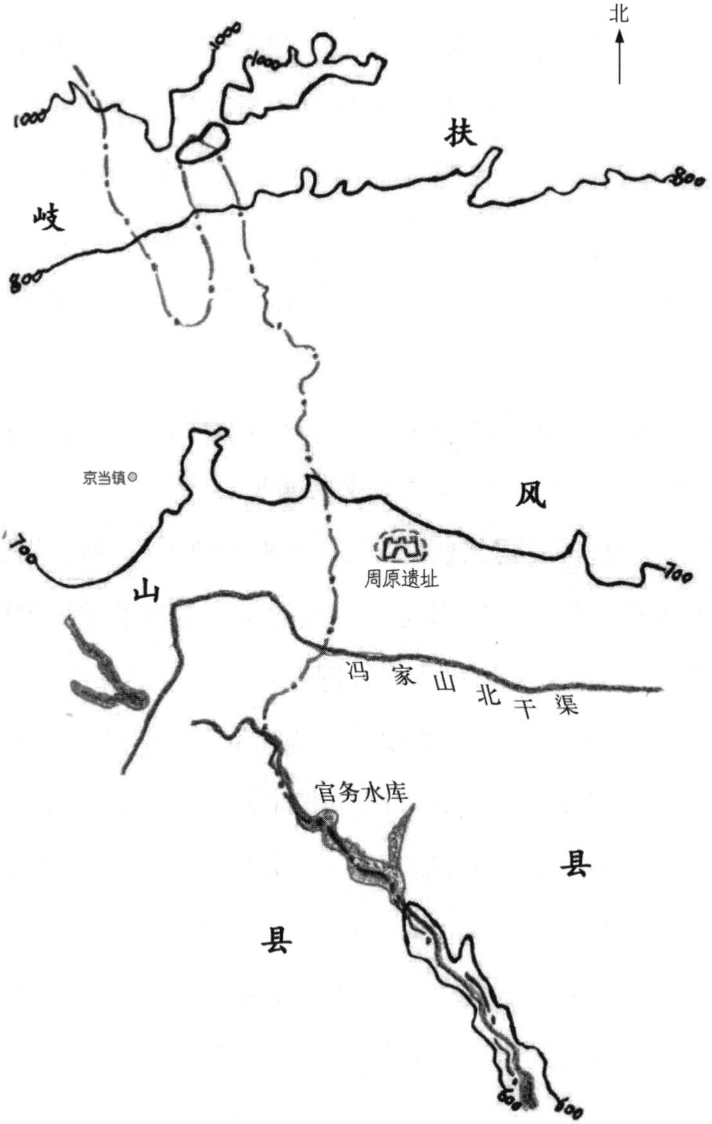
北
1000
1000
1000
扶
800
岐
800
京当镇
风
700
700
周原遗址
山
冯家山北干渠
官务水库
县
县
600
600

周原位置图

则是古代的漆水。西周时期，周原诸河河谷不深，河水有时甚至潴而不流，以至有的地方近乎水泽。原面上也有森林广布，植被良好。”可知周原在没有经过人类开发的时期是一片水源丰富，植被覆盖良好、生态环境保持良好区域。“然而随着后来农耕的发展，森林遭到砍伐，水流对土壤的侵蚀加剧，河流也加快了下切与侧蚀。于是沟壑开始迅速发育。这个过程从周代即已开始，但森林的彻底消失，是在唐宋时期。今天周原的许多深沟大壑显然是唐代以后发展起来的。缩小以后的周原原面支离破碎，大体呈南北向的长条块，最宽的原面不过 13 千米。虽然周原名称依旧，但实际已不是原来的面貌了。”周原地区在周人到达此地时并不是像现在一样遍地沟壑的景观，实乃一片适宜农业发展的沃野，亶父历经艰辛带领族人到达此地，定居下来，继续从事种植耕作的生活。周族就是在这片土地上发展壮大起来的，而周原也因为成就了周王朝的诞生而被永载史册。

古公亶父都岐后，采取了一系列措施发展生产。《史记》记载：“古公亶父国于岐后，乃贬戎狄之俗，而营筑城郭室屋，而邑别居之，作五官有司。民皆歌乐之，颂其德。”在古公亶父时代，周族已初具国家雏形，各部落的人民被分别组织在很多被称为“邑”的地域性体系之中，即所谓“而邑别居之”。逐渐摆脱了戎狄风气的影响，从而振兴农业，发展生产。同时此举也暂时避开了戎狄的不断侵扰，姬周族实力得到了持续稳定的发展，为其子王季和其孙姬昌时期周族逐步向外扩张打下了基础。

3. 文王迁丰

公亶父去世后，其子季历继位。《史记》有记曰："古公卒，季历立，是为公季。公季修古公遗道，笃于行义，诸侯顺之。"季历通过对西落鬼戎、燕京之戎、余无之戎、翳徒之戎等位于今山西一带的戎狄之族的征伐，势力范围逐渐扩张，同时也为后来武王的东进扫清了障碍。周国一系列的胜利，虽然为商王朝清除了西北部夷狄之族的威胁，然而，周族自身领土和实力的扩张也使远在中原的商王感到不安，于是就有了"文丁杀季历"的历史记载。《吕氏春秋》对此事件也有记载："王季历困而死，文王苦之。"可见，季历很有可能是被商王文丁囚禁起来，而后遇害身亡。

王季被商王文丁所杀后，其长子昌继位，是为周文王。关于文王，《史记》中有言："公季卒，子昌立，是为西伯。西伯曰文王，遵后稷、公刘之业，则古公、公季之法，笃仁，敬老，慈少。礼下贤者，日中不暇食以待士，士多归之。"周文王亲士爱民，能任用贤能，姬周国力不断提升，逐渐成为商朝西陲的一个强国。文王在位时，曾征伐过犬戎、密须等一些周边小国。

《史记》记载：“明年，伐犬戎。明年，伐密须。明年，败耆国。……明年，伐邘。明年，伐崇侯虎，而作丰邑。”其中的密须在岐周北部，位于今天的甘肃省灵台县境内，与陕西长武相邻，而崇国就位于陕西省西安南部的长安区境内。通过文王的一系列征讨，位于岐周北部和东部的敌对国家都被清除了。这样一来，王季和文王统一了关中地区，就为武王伐商铺平了道路。

周文王初期依然居于岐邑，而在其征伐崇侯虎之后，开始

西周时期关中形势图

营建丰邑，周之国都也从岐迁至丰。至于丰邑的位置，经过现代的考古发掘，证明了丰邑在今天西安南部沣河中游西岸。具体位置在今客省庄、马王村、西王村一带，东以沣河为界，西至灵沼河，北至客省庄、张家坡，南到新旺村、冯村，遗址的总面积大约有 12 平方千米。丰邑地处渭水中游，相对于岐邑，丰邑地形更为开阔，且有关中平原最大的河流——渭水作为交通线路，显然更适合作为国都的落址之地。

4. 武王营建镐邑

文王逝后，武王继立，再次迁都于镐邑。《诗经》中有记载：“考卜维王，宅是镐京。维龟正之，武王成之。”《水经注》云：“渭水又东北与鄗水合，水上承鄗池于昆明北，周武王之所都也。”镐京的位置在沣水以东的滈池附近，即今天陕西省沣河中游的东岸，北至洛水村，南至斗门街道，东达昆明池故址，西靠鄗水故道。文王所建的丰邑在今陕西省西安南沣河中游西岸，而镐邑就位于今陕西省沣河中游的东岸，所以两邑之间的距离很近，可以说只是中间仅隔着一条沣水。自武王建立镐京以后，丰邑仍继续使用，西周早、中期诸王和大臣常有居于丰邑处理国事的。武王之所以营建镐邑，学界有一种说法是因为武王在克商后感到了原来的丰邑不敷应用，所以才向东边扩展，

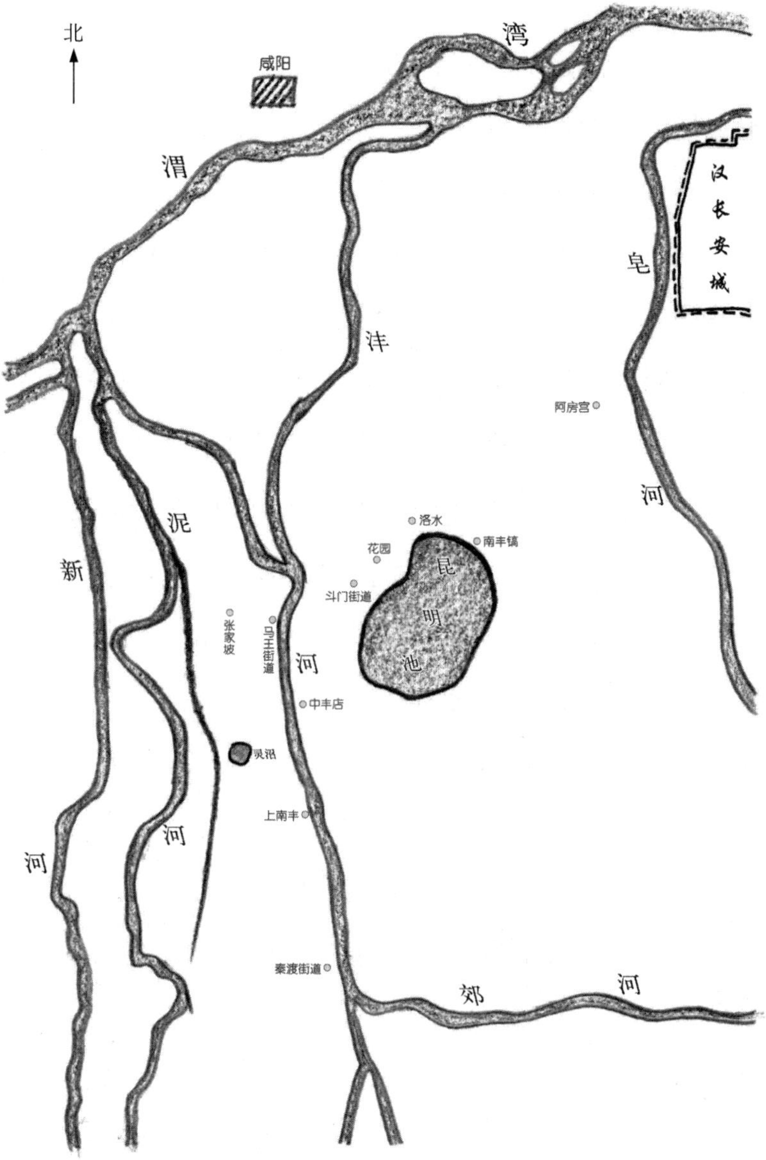
北
咸阳
渭
湾
沣
汉长安城
皂
河
阿房宫
洛水
南丰镐
花园
斗门街道
昆明池
张家坡
马王街道
河
中丰店
灵沼
上南丰
秦渡街道
郊
河
新
河
泥
河

丰镐故地水网图

另建镐邑。

丰、镐二京修建的时间和相对距离都非常接近，这种情况在中国古代确属罕见。周武王之所以在丰京建成后不久另建镐京，主要有以下两个方面的原因：一是周王朝在营建丰京后，即在沣水东岸的镐池附近修建了一些离宫别馆，作为沣水东岸向东方发展的据点。武王在克商的过程中，为了便于军事物资的东运，不断加强这个据点的力量，使这个据点的范围不断扩大。这就是说在这里建都有一定的基础，而且有利于对东部疆域的控制。二是沣水东岸自然条件优越，在许多方面超过了沣水西岸。丰京所在的沣水西岸地势较为低下，在沣河泛滥时容易遭受水患。丰京的范围也较为狭窄，东、西、北三面环水，南面接近终南山麓，发展受到限制。相比之下，镐京的地势较高，平原面积也较广大。从长远的发展来看，位于沣水东岸的镐京具有更大的发展潜力。因此可以说，镐京是丰京自然发展的结果，也是社会发展的客观需要。事实表明，镐京的兴建具有重要的意义。它与丰京一起构成了周王朝的统治中心，周天子就是以这个中心为基础统治天下的。

丰镐遗址位于沣河两岸的二级阶地上，早已为考古工作者所证实。在周平王东迁以前，丰镐一直是西周的都城。所以，丰镐作为全国的政治、经济、文化中心，时间长达三四百年之久。丰镐是中国历史上统一王朝在关中建立的第一座都城，在中国都城史上占有十分重要的地位。如果说西周是中国古代奴隶制社会的强盛时期，那么丰镐便是这个强盛时期的标志，关中平原也因这座都城的出现而受到世人的关注。

纵观周族在关中活动的历程，从与戎狄之族共处到最终定都镐邑，周族共经历了四次重要的迁徙，第一次迁徙由“戎狄之地”至于豳，周族离开了戎狄之地，渐渐摆脱戎狄之风的影响，势力范围开始向关中地区扩展。第二次迁徙由豳至岐，周族找到了一片更肥沃的土地，同时也远离了诸戎的侵扰，姬周内部势力迅速发展。第三次迁徙为文王迁丰，逐渐强大起来的周族荡平了周边的诸戎，成为商王朝西邻的一个强大的方国，文王迁丰就是为了寻找一片适合做都邑的地方。第四次迁徙为武王营建镐邑，武王伐纣一统天下后，为了适应对全国的政治控制，故而营建镐邑。

在关中这片沃野上，周人经历了1200余年的迁徙，逐渐发展壮大，成为历史上第一个由关中地区发展起来并最终一统天下的王朝，也由此开启了关中历史发展的新篇章。

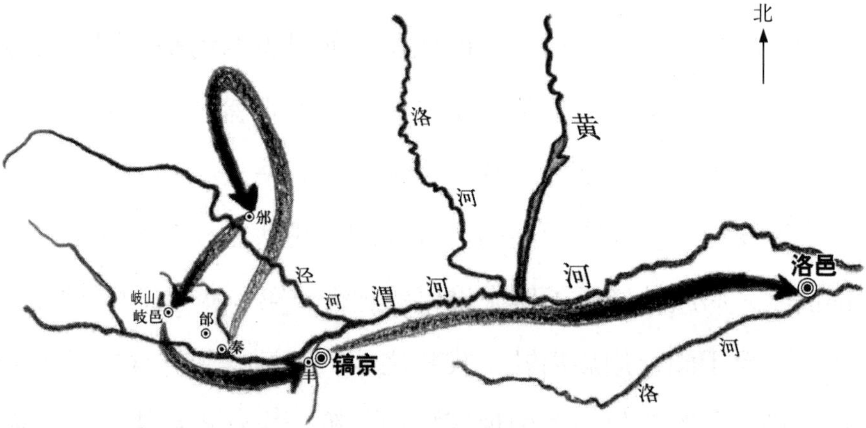

周人迁徙图

5. 周以后关中民族的迁徙

周室东迁之后，秦人在关中地区逐渐崛起。春秋初期秦人建都于关中西部的雍城（今凤翔县南）。战国时期为了向东方发展，曾两次迁徙都城。第一次是在秦献公二年，即公元前 383 年，从雍城迁到关中中部偏东的栎阳（今临潼栎阳街道附近）。第二次是在秦孝公十二年，即公元前 350 年，又从栎阳迁都于离丰镐故址不远的咸阳（今咸阳市东部一带）。栎阳城总面积约 4.02 平方千米，规模并不是很大，但它“北却戎翟，东通三晋”，地理位置比较重要。咸阳经过秦人百余年的经营，具备较大的规模。秦始皇在咸阳指挥了统一全国的战争，统一中国后，又

秦都栎阳城出土的双鹿瓦当

把咸阳城区扩大到渭河以南，形成“渭水贯都，以象天汉；横桥南渡，以法牵牛”的城市形态。从文献记载和考古资料来看，秦咸阳是继西周丰镐之后，在关中平原上出现的第二座全国性的规模宏大的都会。虽然咸阳作为统一王朝的都城存在的时间较短，但它在统一的多民族的中央集权的国家的建立和巩固过程中发挥了重要的作用。

关中地区北接绵绵草原，西连茫茫大漠，自古便与诸多少数民族有着密切的关系。上文讲到古公亶父带领周族从豳地迁徙到周原时，就是因为长期受狄人的侵扰。周幽王烽火戏诸侯，荒淫无道，不理政事，犬戎部落更是趁机攻陷镐京，迫使平王东迁。直到秦一统六合，仍然受到北方草原上胡人的威胁，始皇帝不得不修筑从咸阳直达九原郡的秦直道，同时北筑长城而守藩篱，北却匈奴，而固守河南地。继之两汉，草原上的游牧民族匈奴始终为汉朝的威胁，汉与匈时而和亲时而交战。魏晋南北朝时期，中原地区战乱频仍，北方和西方的少数民族不断内迁，匈奴、鲜卑、羯、氐、羌等少数民族人口甚至一度占到关中地区总人口的一半。这些少数民族同汉族长期杂居，相互交融，民族界限日益模糊。到大一统的唐代，统治者实行包容而开放的民族政策，关中地区的各民族真正地同为一家，难分彼此。

如今关中地区人数最多的少数民族当属回族。唐朝实行开明的民族政策，对少数民族实行羁縻政策，加之唐时长安繁荣富庶，为国内外所少有，自域外往临者多留恋不忍离去。由于关中地区和西域的地理联系极为密切，自西域迁徙而来者尤为众多，其中就有回鹘人、昭武九姓胡人，还有大食人。此时来自西域的回鹘人中，已有信奉伊斯兰教者。到了元代，由于蒙古族势力的扩张，色目人东来者络绎于途，其中有不少就留居于今关中地区。色目人为西域各地人的总称，其中有的就是以回回为名，并且当时回回之称与畏吾儿、回鹘、回纥等名称并列，由此可知诸族之间还是有区别的。元朝灭亡后，色目人失去其原来的地位。这时既不能再以色目人相标榜，便都以回回相称，实际上就扩大了回回的范围，回族的称谓便是由此而发源的。到了清代前期，由于承平日久，生齿渐繁，回族人口也得到快速的发展。据清乾隆二十四年（公元 1759 年）的记载，西安城内就已有相当多的回族民众居住，城外四郊的回族村也有 77 个。加上长安县和咸阳渭水侧畔所居住的，当有不下百余个回民村落。清穆宗同治年间回民起义之前，据估计陕西省汉回的比例是汉七回三。同治年间的回民起义，经过十多年的动乱，最后被清政府陆续镇压下去。之后清政府为了稳定在关中的统治，逐渐迁出此地的回民。就西安来说，除当时居于城内，受清军严格控制，未参加起义的数万名回民继续留在原地外，还有少数迁居于陕南和河南、四川等省，其余大多数则被安置于甘、宁、青、新等地。

从大唐到清代，回族从迁入关中，发展繁衍到最后又大部分离关中而西去，可以说是关中地区民族迁徙的一个很好的写照。千余年的时光悄然而过，如今西安城内古色古香的回民街，不仅是 6 万多回族穆斯林民众的聚居区，更是一个令中外游客流连忘返的弥漫着伊斯兰风情的传统文化胜地。

关中平原因为其地处连通中原和西域的重要地理位置，而成为汉族西进和西北少数民族内迁的必经之路。关中平原土地肥沃，古称金城千里，固守四塞，易守难攻。得关中足可得天下，周秦汉唐等建都关中的朝代均以此为基础而执天下牛耳。与此同时建都于此的朝代又不得不面对两个问题：第一个问题是如何应对近在眼前的西北游牧民族的威胁，第二个问题便是以关中乃至中原为基础，不断向西探索，控制西域地区，解决来自西北的隐患，同时加强与西北地区乃至域外的经济文化联系。在封建大一统王朝国力强盛时，上述第一个问题得以解决，第二个问题便开始受到统治者的关注，汉唐时期以关中为基础的向西探索就为丝绸之路的开通奠定了基础。

第二节　丝路起点

丝绸之路，简称丝路，是指西汉武帝之时，通过张骞出使西域而开辟的以长安（今西安）为起点，经河西走廊连接中亚以及地中海各国的陆上通道。因通过这条路西运的货物中以丝绸制品对西方社会的影响最大，故得此名。这条道路也被称为“西北丝路”。19 世纪末，德国地质学家李希霍芬将这条东西大道誉为“丝绸之路”。之后德国的胡特森在多年研究的基础上，撰写一本以《丝路》命名的专著。从此，“丝绸之路”这一称谓逐渐传遍世界，沿用至今。虽然丝绸之路是沿线各国共同维护、促进社会经济文化交流的产物，但了解这条贯通中西道路的人都会记住一个人的名字，那便是历史上开拓这条道路的人——张骞。

1. 张骞“凿空”

西汉以长安为起点开辟的丝绸之路，不仅是中外交通史上的奇迹，也是大汉民族开拓进取精神的象征。西汉的长安城何以能成为西北丝绸之路的起点？这要从汉朝的历史说起。西汉王朝定都关中，营建长安城，开始了对全国的统治，然而大汉王朝始终受到来自西北草原的游牧民族——匈奴的威胁。匈奴

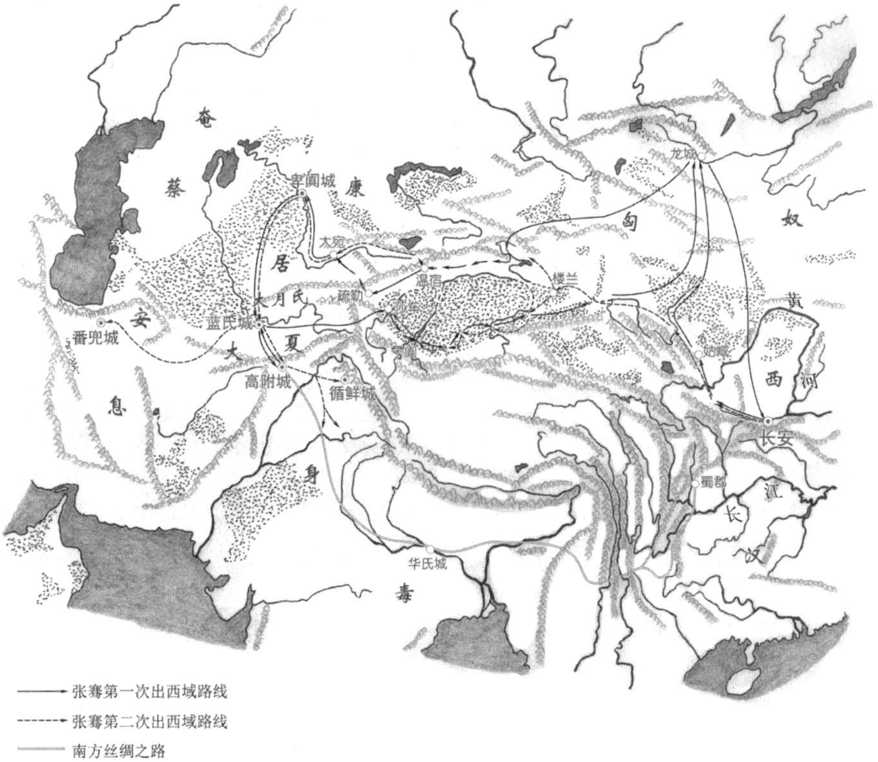

张骞出使西域路线图

贵族经常率领骑兵，骚扰和掠夺汉族居民。汉高祖七年（公元前200年）冬，冒顿单于率骑兵围攻晋阳（今山西太原）。高祖刘邦亲领32万大军迎战，企图一举击溃匈奴主力。结果反被冒顿围困于白登，历尽艰辛方得脱身。之后高祖便停止用兵匈奴。文景时期，国力尚弱，只好休养生息，对匈奴采取“和亲”、馈赠的消极防御政策，然而匈奴贵族仍率部寇边不已，边境居民屡遭侵扰。文帝时代，匈奴骑兵甚至深入甘泉，进逼长安。匈奴族作为一个兵力强盛的草原游牧部族，严重威胁着以农耕为主的西汉王朝的安全。

至西汉武帝时期，汉朝国力渐盛，有进行一场反击匈奴战争的物质和思想准备。汉武帝一次偶然的机会得知西域的大月氏和匈奴有矛盾，就想联合大月氏东西夹击匈奴，于是汉武帝建元二年（公元前139年），汉武帝命张骞等人从长安出发，踏上西行的道路。当张骞一行穿过位于今甘肃临洮县南的陇西，进入河西走廊以后，被匈奴人发现并扣留，但张骞身在匈奴十年而不辱使命，最终借机逃脱，历经大宛，辗转达到大月氏，最终返回长安。至秦始皇北却戎狄，筑长城以护中原，其西界不过临洮。玉门之外的广阔的地区，尚为中国政治文化势力所未及。张骞第一次出使西域，使大汉王朝的影响直达葱岭东西。自此，不仅现今中国新疆一带同内地的联系日益加强，而且中国同中亚、西亚，以至南欧的物质文化交往也被建立起来。

汉朝借着张骞西行对通往西域交通路线和西域民族的了解，进行了对匈奴的军事征讨，取得了一系列成功，逐渐排除了匈奴对西域诸国的控制。公元前 119 年，汉武帝派张骞第二次出使西域。于是张骞率领使团，再一次踏上了西行的道路，张骞一行带着上万头牛羊和大量丝绸和珍宝，访问西域的许多国家。西域各国也派使节回访长安。西汉王朝的政治影响逐渐向西扩展，汉朝和西域的交往从此日趋频繁，而后西域各国纷纷归附汉朝。公元前 60 年，西汉设立西域都护，总管西域事务。从此，新疆地区开始隶属西汉中央政府的管辖，成为中华民族不可分割的一部分。

张骞

由于张骞是我国历史上第一个由政府派遣、冒着生命危险出使西域并最早打通了前往西方道路的人，因而史学家司马迁在《史记》中把他的西行事业称为“凿空”。

张骞两次出使西域，以坚定的信念和巨大的勇气，克服重重艰难险阻，沟通了中国与西方各地人民的交往，考察了沿途的各种风土民情，了解了位于“丝绸之路”上的乌孙、大宛、大夏、安息、大月氏、身毒等地的人口、物产、交通、气候，以及方位、距离等信息，极大地丰富了当时人对于西方地理知识的了解。张骞凿空不仅为西域史掀开了崭新的一页，而且也是中西交通史上的一个极其重要的里程碑。丝绸之路正式开辟后，中外交流开始了一个新的纪元，东西方之间最后的帷幕被成功掀开。从此，这条路线被作为“国道”，各国使者、商人沿着张骞开通的道路，来往络绎不绝。上至王公贵族，下至商贩走卒，都在这条路上留下了自己的足迹。中外人民通过这条友谊的纽带频繁交往，互通有无。丝绸之路不仅开阔了人们的眼界，增进了彼此的友谊，丰富了人们的生活，同时也基本解除了匈奴对关中的威胁，西域同关中地区的经济文化交流也促进了长安城的繁荣。

2. 丝路起点的长安城

自从丝绸之路正式开辟，就成为东西交流的重要通道。而位于它起点上的城市，就是汉代的都城长安。汉代是我国历史

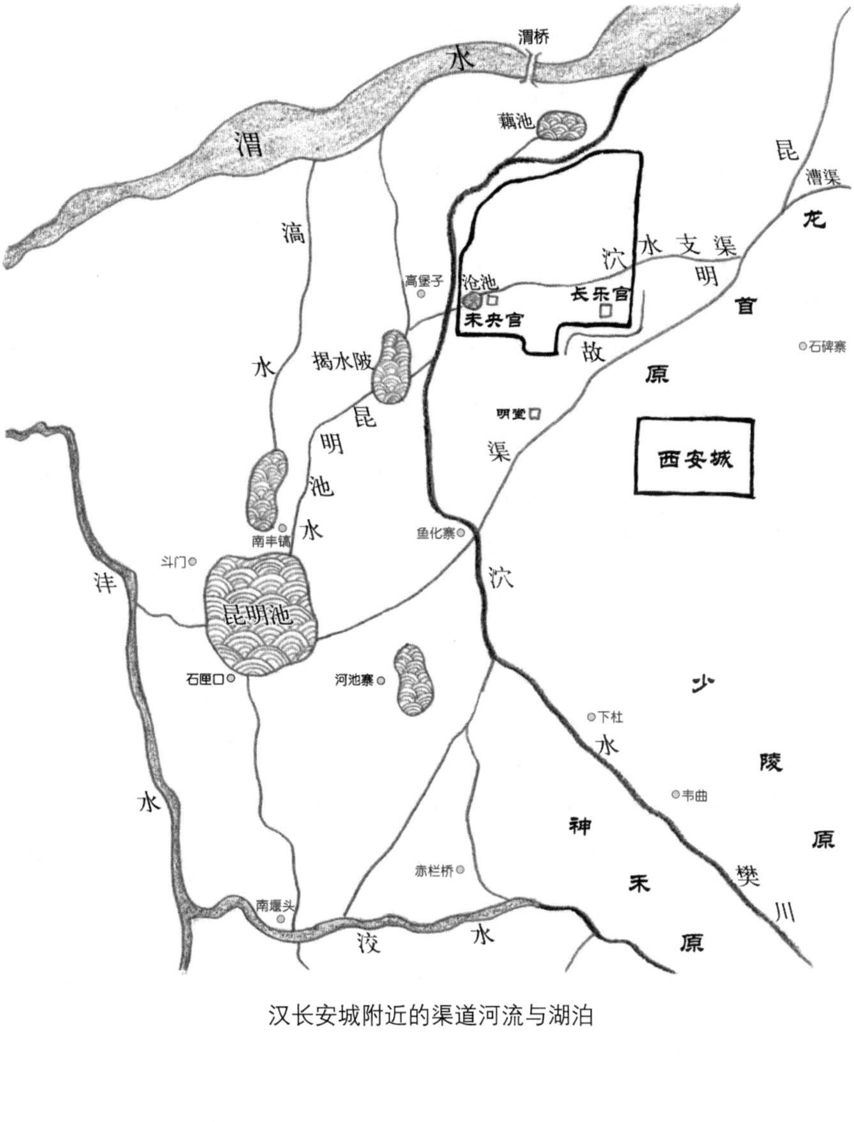

汉长安城附近的渠道河流与湖泊

上继秦代之后的一个统一王朝，其国都长安城在中国城市发展史上具有重要的地位。刘邦在消灭项羽的军队后，计划定都“天下之中”的洛阳。齐人娄敬和名将张良据理力争，劝告刘邦迁都“金城千里，天府之国，扼天下之吭而拊其背”的关中盆地。最终说服高祖定都长安。在西汉的200余年历史里，关中盆地的长安城一直是全国的政治、经济和文化中心，也是通往西域的丝绸之路的起点，繁盛一时。

汉代长安城的商业活动繁盛，为丝绸之路的繁荣也奠定了一定的基础。《三辅黄图》有记：“长安市有九，各方二百六十六步。六市在道西，六市在道东，凡四里为一市。”今天我们根据历史文献依然能叫出名字的有东市、西市、柳市、直市、孝里市、交门市、交道亭市这七市。各市皆有围墙，设市门，市场由市令管理，其办公的地方称市亭、市楼，是一种便于观察、管理市场活动的高层建筑。有史料记载，长安九个市场开业，货物分类摆出，熙来攘往，商旅比肩继踵。纵是一些小商小贩，也有经商致富、家累千金的。由此可管窥汉长安城商业之繁荣，可以说汉代丝绸之路的开辟和繁荣，与长安城市场的繁荣有着密切的关系。丝绸之路上的商队和物品是以长安城的繁荣为基础向西方不断扩展的，与此同时，丝绸之路的开通也促进了都城长安的繁荣，使统一强盛的西汉帝国影响了世界历史的进程。

随着丝绸之路的日益畅通，汉王朝繁盛的经济、开放的政策吸引着周边少数民族及西方各国的使节、商队络绎不绝地往来于这条商路，长安城东、西两市商贾云集，成为工商业贸易活动中心。都城长安是当时西域民族向往的圣地，也是众望所归的国际大都市。

3. 汉代关中的丝路路线

丝绸之路一般可分为三段，东段由长安到玉门关、阳关，中段由玉门关、阳关向西至葱岭，而西段从葱岭往西经过中亚、西亚直到欧洲。而以上东、中、西段的每一段又可分为北道、中道、南道三条路线。汉代以长安为起点的丝绸之路在关中地区主要有两条。

一条由西渭桥渡过渭水后，沿渭河西行，经今咸阳东、兴平、凤翔等地后，折向西北，穿过被称为关中西塞的陇关，再经过今甘肃省的天水、临洮、兰州等地，然后沿河西走廊前往西域。张骞西行所走的便基本上是这条路线。另一条路由横桥（中渭桥）渡渭水，沿泾河向西北行，经今醴泉、淳化、彬县、长武等地后，穿越甘肃省东南端，过宁夏固原县被称为关中西北部的屏障和门户的萧关，再西北行进入河西走廊，再向西出玉门关阳关而入西域。

以上通往西域的两条道路均自都城长安出发，至武威、张掖而汇合，再沿河西走廊至敦煌。不同的是各线路的选择，多考虑翻越六盘山以及横渡黄河的安全性与便捷性。

上述第二条沿泾河这条路线，是南接渭水北岸、东通三晋和西连河西走廊的大道。这条东西向的大道，最早为秦人所开发。秦人在陕西境内的渭河北岸活动了近 600 年，对这一地区交通道路的开发做出了不可磨灭的贡献。兴起于西方的秦人生气勃勃，富于创造，虎视中原，逐渐向东方扩展。这种扩张正是沿着这条东西交通的要道，也就是后来渭河北岸的丝绸之路，不断向东进行迁移的。当公元前 383 年秦人迁都栎阳后，这里随即成为一个重要的交通要道。《史记》称“栎邑北却戎翟，东通三晋，亦多大贾”，即言此地交通之顺畅。这条道对于向长安汇集物资，以及提供出口货物，曾经发挥过很大的作用。虽然渭河南岸也有一条东西大道，但北道历经秦汉、唐时期，甚至到明清时期，仍发挥着重要的作用。

时光荏苒，如今在陕西渭南、临潼等地渭河以北一些村镇，仍有以“官路”“官道”“官底”为名称的。数千年的时光，早已让这里的秦风汉韵成为历史的记忆，然而这些熟悉的名字却成为一种特殊的符号，默默记载着这里曾经的故事和繁华。可以想见，在汉、唐时期和以后的朝代里，数之不尽的物品正是经由这条道路首先集中到长安，然后才沿着丝绸之路输送到更远的西方去的。

4. 驼背上的珍宝

丝绸之路开通之后，张骞等人带回了西域各地的葡萄、石榴、胡桃、红花、胡麻（芝麻）、胡萝卜、蚕豆、大蒜、芫荽、黄瓜、苜蓿等植物种子。这些种子，最早便在长安附近种植。随后西方各国的使者和商人又带来了骏马、宝石、象牙、香料、玳瑁、犀角、火浣布（石棉布）和许多珍禽异兽，以至“明珠、文甲、通犀、翠羽之珍盈于后宫；蒲梢、龙文、色目、汗血（四种骏马名）充于黄门，巨象、狮子、猛犬、大雀（鸵鸟）之群食于外囿。殊方异物，四面而至”。长安上林苑中有观象观、虎围观、犬台宫、葡萄宫、走马观等，就是畜养这些西域异兽和种植西来果木的地区。西域特产的葡萄酒经过历史的发展融入中国的

胡俑头像

传统酒文化当中。商队从中国主要运出铁器、金器、银器、镜子和其他奢侈手工制品。外域文化也使长安居民耳目一新，由西域传来了箜篌、旁集、琵琶、胡笳、胡笛等乐器，使胡乐风靡长安，西域的舞蹈也在长安流行起来。以欧洲罗马黎轩眩人魔术师为代表的杂技百戏曾在长安演出，更使朝野倾动。这些都给古老的中国带来了一些新鲜的元素，开阔了人们的视野，丰富了人们的文化生活。

中国是丝绸的故乡，在通过这条连通中原和西域的漫漫长路进行贸易的货物中，以中国的丝绸最具代表性，“丝绸之路”也因此而得名。自从张骞通西域以后，中国和中亚及欧洲的商业往来迅速增加。通过这条贯穿亚欧的大道，中国的丝、绸、缎、绫、绢等丝制品，源源不断地运向中亚和欧洲后，欧洲人便把这种质地轻柔、色泽华丽的丝织物看作是神话中“天堂”里才有的东西。古希腊人于是称中国为“赛里斯”（Seres），即产丝之国的意思，称中国人为“赛里斯人”。购丝绸、穿丝绸被西方人当作富有和地位的象征。据西方史书记载，有一次罗马凯撒大帝穿着一件中国丝绸做成的袍服去看戏，绚丽夺目的王服在剧场内外引起了不小的轰动，许多人情不自禁地赞道：“真像是一个美丽的梦”。于是，罗马帝国掀起了一股竞相购买丝绸的奢侈之风。当时中国的丝绸辗转亚洲大陆，千里迢迢经波斯商人转手销往罗马，其价格贵如黄金。在罗马的市场上丝绸的价格曾上扬至每磅约 12 两黄金的天价，这就不可避免造成罗马帝国黄金大量外流，也迫使元老院断然制定法令禁止人们穿着丝绸衣服。然而即便如此，也阻挡不住罗马人对丝绸的狂热追求，中国的丝织品在欧洲仍然是供不应求，罗马帝国甚至为了和波斯争夺东方丝绸资源而爆发了西方历史上令人瞩目的“丝绸之战”。

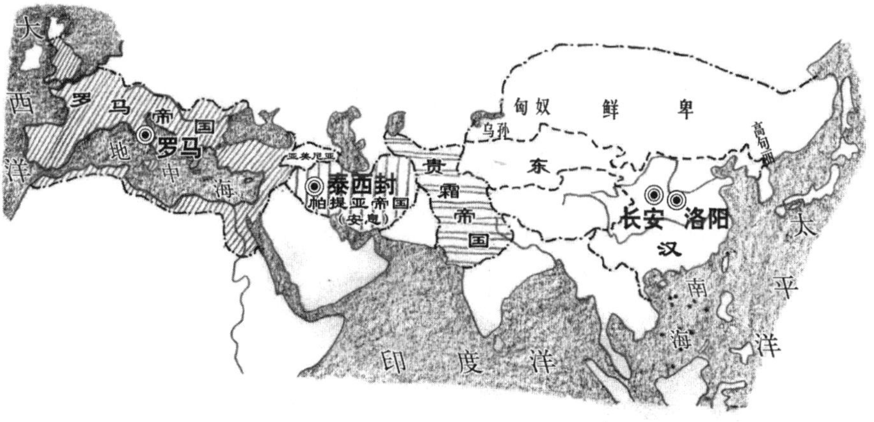

罗马帝国和东汉

丝绸之路自长安出发，历经无垠大漠，风沙弥漫，条件恶劣，只能驼队缓行，道路艰险异常。丝绸这种质轻价昂、耐长途运输的优点便显现出来，于是便成为丝绸之路上长途贩运的重要商品。正如“丝绸之路”的名称一样，在这条逾 7000 千米的漫漫长路上，丝绸成为当时东亚国家文明强盛的象征。丝绸不仅是丝路上重要的奢侈消费品，也成为中国历朝政府的一种有效的政治工具。当中国的友好使节出使西域乃至更远的国家时，往往将赠送丝绸作为表示两国友好的有效手段。并且丝绸的西传也让西方各国对中国有了较深的印象，由于丝绸西传至君士坦丁堡的丝绸价格奇高，令很多当地人认为中国乃至东亚是一个物产丰盈、遍地黄金的富裕地区。

丝绸之路是一个十分形象贴切的名字。在古代世界，中国是最早开始种桑、养蚕、生产丝织品的国家。近年中国各地的考古发现表明：自商、周至战国时期，丝绸的生产技术已经发展到相当高的水平。中国的丝织品迄今仍是中国奉献给世界人民的最重要产品之一，它流传广远，涵盖了中国人民对世界文明的贡献。因此，多少年来，有不少研究者想给这条贯通东西的道路起另外一个名字，如“玉之路”“宝石之路”“佛教之路”“陶瓷之路”，等等，但是，都只能反映丝绸之路的某个局部，而终究都不能取代“丝绸之路”这个名称。

5. 东汉魏晋时期的丝路

西汉末年的哀帝之前，汉王朝与匈奴在一个相当长的时期内相安无事，保持着友好往来。至汉平帝时王莽篡权，采取了

法显

一些歧视、压抑匈奴族的错误民族政策，以致匈奴贵族趁统治者忙于内乱控制了西域少数民族地区，并破坏了西汉时期修建的很多边防设施。直到东汉明帝时期，国力渐盛，一面派兵出击匈奴，排除了匈奴对西域诸国的控制，一面派班超出使西域诸国，恢复了汉朝和西域诸国的友好往来。班超沿着张骞走过的道路，一路西行，使得丝绸之路向西进一步扩展到红海沿岸。魏晋南北朝时期，除了魏与西晋短暂统一外，中原地区各政权分立，北方和河西走廊以及天山南北各地先后为鲜卑、柔然等少数民族所占领，但由于汉文化的影响力，丝绸之路仍然发挥着作用。这一时期沿着丝绸之路西来的，除了商人和使者，还有对中国社会影响深远的一门宗教——佛教。其中最具代表性的人物便是高僧法显。法显于晋安帝隆安三年（公元 399 年），同行十余人从丝绸之路的起点长安出发，远去天竺取经。是时法显已 65 岁高龄，他不避艰险，沿着渭河，经陕西省的咸阳东、凤翔、陇县等地，进入河西走廊，出玉门关后，经鄯善、乌夷、于阗、竭叉（新疆喀什市）等地后，越葱岭进入天竺境内。法显在当时天竺最大的政治文化和佛教中心巴连弗城学习梵文，抄录经卷，后又游历南天竺和东天竺等30余国。历经13年，终于完成取经求法的任务，并最终由海路归国。魏晋南北朝时期是佛教兴盛的时期，丝绸之路为佛教文化东传发挥了不可替代的作用。

6. 唐代丝路的兴盛

随着中国历史进入繁盛的唐代，丝绸之路再度引起了统治者的关注。为了重新打通这条重要商路，唐统治者借击破突厥的时机，一举控制西域各国。西域小国林立的历史基本解除，同时设立安西四镇作为中国政府控制西域的机构，重修了玉门关，再度开放沿途各关隘。并打通了天山北路的丝路通道，将西线打通至中亚地区。丝绸之路的东段再度开放，新的商路支线被不断开辟，加上这一时期东罗马帝国、波斯以及随后的阿拉伯帝国在政治方面保持相对的稳定，这条商路也迎来了一段繁荣时期。唐长安城是规模浩大，气势恢宏，布局整齐的大都城，城垣面积达84平方千米，人口达百万之众。随着“丝绸之路”的畅通和繁盛，长安成为交通频繁、宾客辐辏、商业繁荣的国际性大都会。有来自各国的遣唐使、学者、高僧、艺术家、留学生和商人。有大批外国人流寓侨居，贞观初仅突厥降部入居长安的就近万家。他们都受到唐朝统治者的保护和礼遇。其中的上层人物，还担当重要官职，受到唐皇室的宠信。这中间为数最多的便是商人，在长安西市经营者多达数千人。

往来于丝绸之路的也不再是仅仅只有商人和士兵，为寻求信仰理念和文化交流的人们也逐渐出现在这条道路上。经“丝绸之路”传入中国的最早是佛教，至唐朝，长安城已成为塔寺林立、名僧辈出的佛教重地，佛教寺院有上百所。唐代僧人经丝绸之路到天竺、西域等地求法者也甚多，如玄奘、义净、慧日、玄照、道生，等等。其中被后人奉为“唐僧”的玄奘，在当时颇具影响，为最著名者。玄奘为了寻求解决佛教中疑难定论等问题，于唐贞观三年（公元 629 年）从长安出发，沿渭河西行，经秦州（今甘肃天水）、

玄奘

兰州、凉州、瓜洲，历高昌、龟兹，出凌山（今新疆别迭里山口），过热海（今伊塞克湖），翻雪山、黑岭至天竺。途中虽经历了数不清的艰险与曲折，但他凭着坚忍不拔、百折不回的惊人毅力，排除了无法想象的困难，一次又一次地化险为夷。进入天竺后，玄奘先至摩羯陀国那烂陀寺拜高僧戒贤为师，精心治学，潜心研究。尔后又到诸天竺学习，并从事各种佛事活动。学成归国时携带梵文佛经 657 部以及佛像、舍利等，于贞观十九年（公元 645 年）至长安。在唐政府的支持下，他先后在弘福、慈恩等寺院主持翻译佛经 75 部 1335 卷，并和其弟子辩机撰写了举世闻名的《大唐西域记》一书。为贮藏不远万里取回的佛经佛像和舍利，玄奘于永徽三年（公元 652 年）主持修

大雁塔

建大雁塔，并按印度桑奇窣堵波形制设计。岁月如梭，1300余年的时光悄然而逝，大雁塔历经风风雨雨，依然屹立在古都西安。大雁塔之南的玄奘雕塑，庄严肃穆，平静而坚毅的目光遥视远方，似乎可以洞穿千年的历史，诉说着大唐长安的繁荣和中外文化交流的经久不息。

开远门是唐长安城的西门，这里是丝绸之路真正的起点。据史书记载平时开远门外立有一堠（古代记里程的土堆），上书："西去安西九千九百里"，以示戒人莫要轻为万里之行，并以此慰藉历经艰险的远行游人。殊不知正是这种不远万里、不避险阻、勇往直前、开拓进取的精神，才使得贯通中西的丝绸之路得以安全畅通，传播着和平、友谊、繁荣和文明，为人类的文明与发展做出不朽的贡献，而永垂史册。

7. 丝路的复兴

唐以后，国家的经济政治中心东移南迁，再加上西北地区的战乱，使得为丝路直接服务的北方地区经济大受打击。同时由于历史时期气候的变化，据史料记载唐以后黄河流域的丝绸生产几乎陷于停顿，汉唐时期丝绸之路的辉煌渐渐成为历史。到宋代中央政府已无力控制西域，西北陆上丝绸之路就此衰落，与此同时海上丝绸之路逐渐兴起。元朝建立后，摧毁了以往在丝绸之路上沿线的诸多小国及其设立的大量关卡，使得丝绸之路的通行比以往各个朝代都要方便和畅通一些。不过这个时期穿梭于丝绸之路的人们，大多是以宗教信仰及其他文化交流为使命的人们，而不再是以商人为主导了。诸如马可·波罗和长春真人的游记就体现了这一点。这也从一个侧面反映出西北丝绸之路的衰落。宋元明清时期，仍有不少商队行走在丝绸古道上，但他们携带的主要货物已经换成茶，交易对象是西北少数民族，回程的货物变成了马——这是以农耕文明为主的汉族与西北游牧民族间的茶马互市。此时的丝路古道，虽然依然是唐风汉雨沐浴过的地方,但是已经失去了汉唐时期的万国风情了。此外，当丝绸之路的历史步入 14 世纪——又有学者称其为“明清小冰期”的开端后，包括中国在内的亚欧大陆进入了逐渐寒冷的历史时期。西域一些生态环境脆弱地区逐渐不再适合当时人类居住。西北丝绸之路的东段也近乎荒废，而西域各古国大多已不复存在，仅留下座座散落于流沙之中的古城遗迹见证着丝路曾经的辉煌。

随着关中和长安的没落，丝绸之路失去了它往日的繁荣。中国历史上两个强大的大一统王朝西汉和唐朝均建都于长安，这两个王朝的强大使得中央政府有能力经营丝绸之路，国家能够把大量的物资集中到经济中心——长安，并通过丝绸之路对外输出。同时，大量的外国商品和人员也在汉文化的影响下云集长安。相比之下，在关中盆地以外建都的朝代，丝绸之路的交通和贸易都相对衰落。因此可以说，长安的兴盛与丝绸之路的通畅休戚相关。

先汉的车马

2014 年 1 月 14 日，“丝绸之路起点碑”在西安市古城墙玉祥门附近落成揭幕。在丝绸之路起点碑附近还有一组“张骞出使西域”大型雕塑，此地被誉为是丝绸之路的起点，时光无声地流淌，2000 年的历史和 8000 千米的距离都在这一点聚焦。2014 年 6 月 22 日，在第 38 届世界遗产大会上，中国与吉尔吉斯斯坦、哈萨克斯坦联合申报的“丝绸之路：长安—天山廊道路网”遗产被批准入选世界遗产名录，汉长安城未央宫遗址和张骞墓都在入选的系列遗产名单中。这表明，张骞开创丝绸之路的历史功绩和作为丝绸之路起点的汉长安城，已经得到了国际社会的广泛认同。

张骞墓

丝绸之路古老的记忆从长安开始，丝绸之路袅袅的炊烟从长安散发，丝路古道娓娓的驼铃声从长安传出。“那里是西安，丝绸之路的起点，也是我的故乡”，习近平总书记建设丝绸之路经济带的战略构想，为西安的发展带来新的历史机遇。西安肩上的历史重任也更加深远而厚重。

汉长安城与罗马、唐长安城和君士坦丁堡，犹如浩瀚苍穹中两颗熠熠夺目的明星，照耀着东方和西方，丝绸之路就像一条银河将东西方世界联系起来。如今这条千年古道即将焕发新的青春。西安作为丝绸之路经济带的新起点，也迎来了新的发展机遇。建好大西安，带动大关中，引领大西北，在新的历史起点上，继续书写丝绸之路起点城市的新篇章。

第三节　西北商路

关中盆地有山河四塞、金城千里之称，处于一个天然封闭的自然地理环境中。东边除了华山，还有黄河这道天堑，向东则必须通过一夫当关万夫莫开的函谷关；北面一带是北山，有金锁关与萧关控扼；西边的陇关，是西出关中的唯一通道；而南面是巍巍秦岭，更为天下之大阻，对外自然交通基础较差。

传统时代，北方陆路交通运输大多依赖骡、马、牛、驴等畜力，道路交通对地形地势比较依赖。而西北地区的东西交通和南北交通，往往要取道关中。虽然关中为四塞之地，但却控制着函谷关以西、陇上及巴蜀同中原往来的通道。函谷关是东西交通的最为便捷的道路，而关中就在函谷之西。陇上与中原的交通舍关中则几无他途。至于巴蜀，虽可由长江而下，但江峡之险，人视为畏途，且绕道过多，远不如取道关中来得方便。而东出关中，则北可越黄河而至三晋，南可出武关而走江汉。因此关中地区自古以来交通地位相当重要。

函谷关遗址

关中盆地被称为“帝王之乡”，西安更是被称为“十三朝古都”，丰镐、咸阳、长安是中国历史上较早形成的大都城。京师所在，四方辐辏，关中自然也成为全国交通的中心。历代定都关中的统治者都十分重视国都与其他统治区域的交通道路建设，修筑了以长安为中心的四通八达的驿路交通网。这一交通格局，历千余年而无大变化。陕西当时所处的交通地位，是为全国之核心。以咸阳、长安为中心的驿道网，覆盖全国各郡、府、州、县。全国各地的驿传之路，束而会之，集于京师。关中盆地古老且长久的建都历史，是陕西古代驿路萌生和发展的关键，这种驿路建设一方面满足了统治者官方布帛米粮等物质运输及文书递送的需要，另一方面也构筑了陕西与外地商贸往来的主要通道，形成陕西商品流通格局的骨架与桥梁。

1. 历代关中与外地道路建设

秦统一六国后，以咸阳为中心，大修“驰道”，通往全国各地。驰道标准规定“道广五十步，三丈而树，厚筑其外，隐以金锥，树以青松”。驰道的分布，东通六国旧地而濒临东海，东北到碣石，北到九原，西北到陇西，南到云梦而及于岭南，西南到巴蜀并远及云贵高原。为了北防匈奴，还令蒙恬修筑直道，直达阴山之下。于是就形成了以都城咸阳为中心辐射全国的驰道干线网络。

汉代在秦的基础上，继续加强以关中为核心的水陆交通体系。西汉除沿用秦的函谷道（潼关道）、武关道、褒斜道、故道（嘉陵道）、鸡头山道（萧关道）、直道、蒲坂津道以外，汉长安城还被建设成水陆交通中心。公元前 129 年，西汉兴修了长达 150 余千米的漕渠，从而把长安和黄河水运联系起来。渭河两岸的河流得到充分的利用，全国的财富大量输入关中。汉武帝时又开辟了“回中道”，可出萧关而至新秦中，并进一步凿修了褒斜道。王莽时，从今西安市南的杜陵起，凿通秦岭山路至今宁陕县，再西行沿子午河及汉水河谷，以达汉中市。这条栈道的开辟，大大缩短了由关中入川的路程。如此看来，说关中为四方辐辏之地是符合事实的，特别是秦都咸阳，汉都长安，关中为京畿，人文所集，物产所聚，既是政治文化中心，又是经济贸易中心，各地人物和商贾皆云集于此。这更使关中的经济发展受到激励。此外，在汉代，关中还是丝绸之路的起点，中西交通的必经之路。中原之丝绸，西域之珍宝，皆互市于此。这样，关中不仅与国内交通和贸易密切相关，而且也与国际贸易有颇多关涉。

唐朝定都长安，设置有庞大的政府机构，聚集着大量的贵族与官吏，还驻扎着实力雄厚的军队，人口将近百万，成为全国规模最大的城市，也是消费量最大的城市，需要巨额商品来供应。这样就吸引了全国各地的商人来此进行贸易，还有许多西域商人也来此采购，所以长安市场商品交换十分活跃，商业呈现出一片繁荣的气象。而这种商业的繁荣，则离不开唐代及前朝历代对关中通向外部道路的建设。

唐代利用渭河而开通的漕渠，构筑了以长安为中心的通往

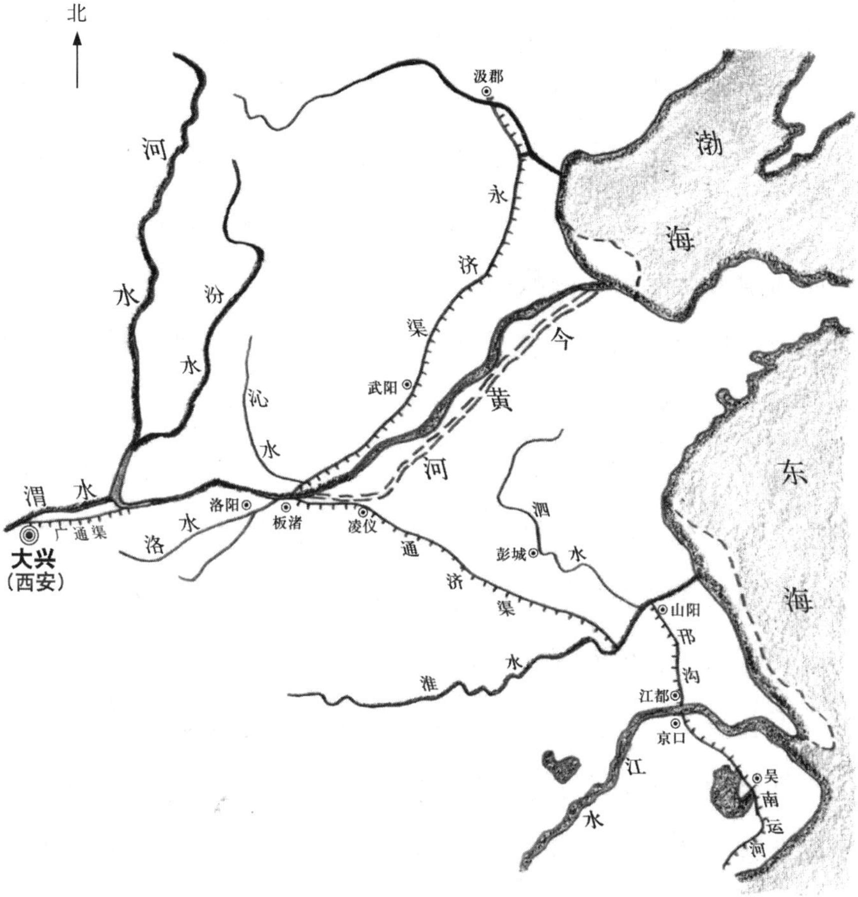
北
河
水
汾
水
沁
水
汲郡
永
济
渠
武阳
渤
海
今
黄
河
东
海
渭
水
广通渠
大兴
(西安)
洛
水
洛阳
板渚
凌仪
通
济
渠
泗
水
彭城
山阳
邗
沟
淮
水
江都
京口
江
水
吴
南
运
河

隋大运河

全国各地的水陆交通网。在长安城东侧灞河与浐河之间的广运潭修建了大型漕运码头，一次就可停泊来自全国各地的货船300余艘，把当时全国最富庶的江淮一带的财富源源不断输往长安。从唐代的长安出发，往东通过漕渠和大运河，经过洛阳、扬州可直通海外，到达日本列岛；往北经过太原可至幽州（今北京），远达东北和朝鲜半岛；往西经过兰州，再往西就踏上丝绸之路，再往西南可达吐蕃（西藏），并可通印度；往西南经过汉中，到达成都，再南行通往滇黔；向南经商洛、襄阳，把长江中游和岭南与长安城联系起来。丝绸之路上的商队把物资运到长安后，再通过这个交通网络就可以输送到全国各地。同样，这个交通网把全国的物资集中到长安，然后西行，在悦耳的驼铃声中，穿越浩瀚的亚洲腹地，运往地中海的东岸等地区。这样通过交通网和驿站，长安和全国、海外紧紧联系起来，真可谓"条条大道通长安"。以上长安通往全国各地的大道上，均设置有驿站，终年商旅不断，沿途店舍栉比。穿梭于这些官道驿站的，不仅有官方的政令、征战的官兵、入京赶考的学子，更多的是来自全国各地的商人，以及源源不断输往京城的货物。

五代之后，迄宋、元、明、清，国都东迁，关中失去了全国政治、经济和文化中心的地位。但陕西所处的地理位置，使它成为建都中原的王朝通往西北乃至西南广袤边域的交通走廊，

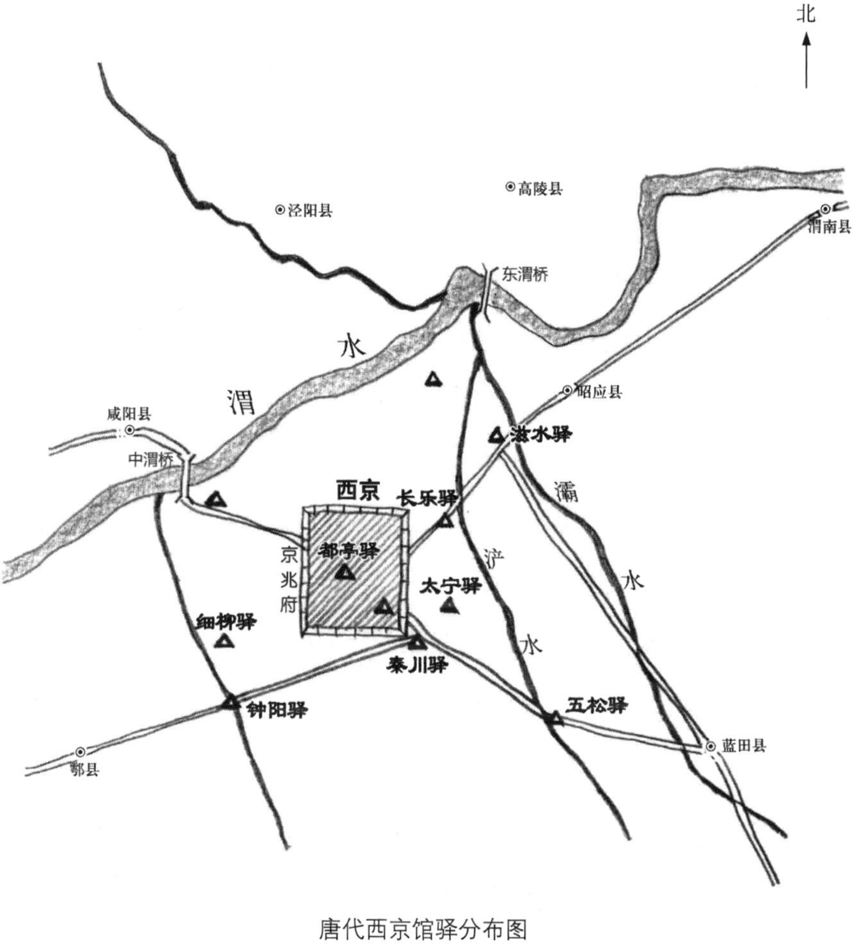
北
泾阳县
高陵县
东渭桥
渭南县
水
渭
咸阳县
中渭桥
昭应县
滋水驿
西京
长乐驿
灞
水
京兆府
都亭驿
浐
水
太宁驿
细柳驿
秦川驿
钟阳驿
五松驿
蓝田县
鄠县

唐代西京馆驿分布图

因而，潼关—长安道仍保持着主干驿路的地位。由长安向西，有两条主干驿路：一为经咸阳、凤翔、宝鸡、散关、凤州通往汉中和四川的驿路；二为经咸阳、邠州、萧关通往甘肃、新疆的驿路。明清时期，关中地区已经形成的道路体系对维系西北地区商业发展至关重要。

明以前，关中平原与外部的交通已形成网络，主要有以下四条干道路线：东路干线，由长安出发，经华州（今华州区）出潼关达河南洛阳。西北干线，由长安经咸阳、邠州（今陕西彬县）、长武至平凉通兰州直达嘉峪关，为西北官道，也是历史上“丝绸之路”的主干线。西南干线，由长安经武功、凤翔、宝鸡南折汉中，循南北栈道达四川，为入蜀官道。北路干线，由长安经同官（今陕西铜川市）、鄜州（陕西今富县）至延州（今陕西延安市）以达更北，为北路官道。这四条交通干线构成了关中为中心陕西陆路交通的基本框架。

伴随几百年传统手工业和商业经济的缓慢发展，到明清时期商品行业增多，商人队伍也日渐壮大。这一时期以关中为核心的西北商业区也产生了一个颇具影响的商业团体——陕西商帮。

2. 一个远去的背影——陕西商帮

在我国明清时期长达 500 余年的漫长岁月里，关中地区悠久的历史积淀和优越的交通地理位置曾经造就一代又一代声闻天下的巨商大贾，而且还最终形成了一个源远流长的商业帮派——陕西商帮，这一商帮也被称为秦商。

明清时期，当时的中央政府为了巩固边防，在陕西等地实行“食盐开中”“茶马交易”“棉布征实”“布马交易”等一系列特殊经济政策，而这些政策为陕西商人和群体的崛起创造了机遇，当时的陕西商人抓住这一历史机遇，充分发挥自己在地域和物产上的优势，形成了以西安、泾阳、三原为中心，以西北、川、黔、蒙、藏为势力范围，输茶于陇青、贩盐于川黔、鬻布于苏湖、销烟于江浙的名震全国的商业资本集团。并以其财雄势宏而被尊为“西秦大贾”或“关秦商人”，称雄中国 500 年，而且还一度名列我国明清时期十大商帮的前列，和晋商、徽商齐名，就连明末清初科学家宋应星

兰州陕西会馆

也不得不感慨道：“商之有本者，大抵属秦、晋与徽郡三方之人”，可见陕西商帮在当时的影响。大规模的商业活动，也造就了不少关中著名商业家族。

在明清众多陕西巨商中，渭南孝义镇的赵家可算是首屈一指。清末陕西有一首流传的民谣《荒岁歌》，它的歌词里就有赵家的身影，“孝义镇它本是渭南所管，赵老五也算是关中富汉”，而清末著名小说《官场现形记》，开头就从孝义镇的赵家的一个子孙中状元写起，足见赵家当时在全国的影响。赵家从明朝初期利用食盐中开政策，力农致富，家资数百万。到了清代主要是经商发财，一门九府，皆是富户。赵家主要经营盐业、布店、典当、茶庄、粮店等，在西安、咸阳等地生意店铺很多。据赵家的后人回忆：“赵家每年赚的银两都要从外面运回，运送的办法是人挑和马驮，成群结队，这些银子经常有保镖随行，因此叫出镖银。一次赵家出镖银时，先头部分已经进了赵家大院，后一部分还在渭河滩，挑着银子的担子足足排了八里路长。”当时在孝义镇与赵家并富的还有严、柳、詹三大财东，当时渭南流传的两句谚语就是“孝义的银子，赤水的蚊子”，由此可见当时关中巨商财力之雄厚。

明清时期，南方各地的商帮主要把本地手工业品贩往外地换取原材料，以赚取加工利润的供销差价。而秦商则不同，由于他们地处中西部地区区域经济结构的接合部与农牧产品交换中心，长期以来就形成了贩运贸易的历史传统。这便使他们能够在明清之际顺时趋势，扬其所长，经营起家。当时不少著名的秦商，家里都有经商传统。而且在明清“走西口”从事边境贸易的陕西商人中有许多是“弃儒经商”的士人君子，大量士人学士参与商贸活动，把儒家传统文化知识应用于经营过程，以智谋取胜。对此明代著名学者顾炎武曾经总结说“关中多豪杰之士，其起家商贾为权力者，大抵崇孝义，尚节概，有古君子之风”。

生于关中长于关中的秦商所具有的其他商帮所不具有的特殊气质，从陕商的一些“老规程”（店规）和“老话”里可以看出，老陕商的荣辱观既符合陕西人的性情，也适合工商业活动的需要。

“天上下雨地下滑，自己跌倒自己爬。”这句话在陕西农村普遍流传，经久适用。“生意要勤快，切勿懒惰，懒惰百事废；用度要节俭，切勿奢华，奢华则钱财竭”。老陕商将艰苦创业、艰苦奋斗、勤俭节约、艰苦朴素、反对铺张浪费提高到兴衰成败的高度，这种精神和传统是中华民族的优良传统之一，也是陕西人的突出特点之一。

“椎埋去就，与时俯仰，变化有概。”以智求财，深谋远虑是陕西人求财的老传统。正如兵家所提倡的“不谋全局者，不足以谋一隅；不谋万世者，不足以谋一时”。老陕商具有“关陇军人”宏大气魄，比较善于研究市场变化的规律，从大处着眼，谋大局，识大体，在商业活动中首先取得战略优势。

“货真价实好为商，假冒伪劣难久长。”陕西商人不欺不诈，随行就市，按质论价。正因为如此，陕西商人被誉为“人硬、货硬、脾气硬”的“三硬商人”。在布匹行，陕西商人提供的货物质量优良、货真价实、信誉卓著、购销两旺、货畅其流，素有“关中贾来价更高”之称。

明清时代，秦商的活动范围主要在陇、青、川、陕、蒙、藏等地区。这里地处偏远，戈壁浩瀚，自然条件十分恶劣，而且社会环境也不是很安定。天高皇帝远，民族杂处，风俗各异，常常强盗蜂起，土匪横行，部族格杀，一语不慎，即有杀身之祸。持资携重的商人往往成为他们劫掠的主要对象。而陕西商人长期历史中形成的尚气概、先勇力、忘死轻生的强悍性格，使得陕西商人能够迅速适应西部贸易的恶劣社会和自然背景，在别人视为畏途的贸易环境中如鱼得水、纵横捭阖，塑造了“骏马快刀英雄胆，干肉水囊老羊皮”的陕商形象。

陕西商帮在经营的内容上主要有以下方面：

（1）“输粟换引”。这是明朝政府在实施“食盐开中制”过程中对陕西商人量身定做的特殊政策。明代陕西为边关地区，管辖着中国西北的广大地区，并成为有明一代边防重点地区，驻有20万大军，将陕西粮食输送边关换取盐引，路途短，成本低。与此同时陕西为产粮区，八百里秦川，自古是中国的精耕农业区。明代陕西农业发展水平居全国中上水平，西安府在明代全国产粮最多的164个府中排在第四位，是西部粮食输出的主要省份。陕西为历史古城，曾有13个王朝在西安建都，从秦汉以来陕西商业的超前发展就使陕西商人积累了丰富的商业经营经验。

（2）“盐马交易”。据历史资料记载，在柴达木盆地没有开发之前，陕西定边盐池是中国西部最大的食盐产地，主要供应甘肃、宁夏、陕西的食盐需求。明代弘治年间，为了满足伊克昭盟旗草原对食盐的需求，并从草原换取战马，明朝政府在陕西边疆实行了“盐马交易”政策，允许秦商贩运定边盐湖的食盐到伊盟草原换取战马，并在陕伊边地设立了“七大马市”，大规模开展盐马交易。

（3）“茶马交易”。长期以来，西北边疆少数民族以游牧为生，逐水草而居，内陆所产的茶叶化解吃牛羊肉和奶酪的油腻有很好的效果，如果没有茶，人就很容易生病。而在当时，中原王朝主要是从少数民族手中获取草原地区特产的优良战马。

在这种情况下，明朝政府抓住机会在陕西地区推行“茶马交易”的特殊政策。由于在西北乃至整个北方只有安康、汉中的“紫阳茶区”才产茶，所以用紫阳茶换取边疆少数民族的战马，就成为明朝政府唯一在陕西实行的安边强国的基本国策。

（4）药草生意。西北地区盛产奇花异草，成为中药材的主要出产地，陕商就有做贩运药材的生意。西藏、青海地区的珍贵药材冬虫夏草，甘肃岷州特产的枸杞，陕西秦巴地区的党参、柴胡、秦艽，兴平的红花都是名贵药材，陕西商人将西部药材贩运回三原，加工炮制成著名的“西口药材”。这些药材被陕商输送到全国各地，在各地药材市场有举足轻重的地位。

自贡西秦会馆

陕西商帮，一个广泛会集士、农、工、商各阶层人群的特殊组织，在明清之际中国西部贸易通商领域的崛起，完全是陕西几千年商业经济及其商业文化历史积淀的必然产物。鼎盛时期的陕西商帮所兴建的陕西会馆遍布全国，总数多达 200 余所，至今全国各地还遗留下不少“陕西会馆”“关中会馆”“西秦会馆”建筑遗迹。

陕西商帮是明清时期产生最早，也是资格最老的著名商帮。但由于陕西商人多为农民进城经商，这便注定了他们无法与农村脱离的历史命运，从乡下来又回乡下去。他们最终没有融入城市的主流人群，始终徘徊在城乡的边缘，处于边缘化的悲凉地位。力农致富、经商发家、以农守财是陕西商人无法摆脱的历史心路，这便注定了陕西商人没落的历史命运。同时由于西方资本的竞争，再加之陕甘回民起义的打击，以及清政府无休止地搜刮掠夺，使得陕西商帮内外交困，许多商业家族数百年的资本积累消耗殆尽，迅速走向瓦解。到清末民初陕西商帮在各大商帮中最先解体，退出了历史舞台，只留下寂落的宅院诉说着往日的辉煌。如今在渭北地区不少地方还散存着被称为“地上兵马俑”的拴马桩，依稀向世人诉说着当时秦商鼎盛时期的财富和繁荣。

3. 一段神奇的传说——关中刀客

清末陕西的动乱也促成了关中地区一个特殊群体的诞生——关中刀客。提起刀客，相信不少人会认为这只是在影视剧中才会出现的虚拟人物，但历史上在关中平原这个大舞台上还真的有刀客这一角色存在过。据《陕西省志》记载：刀客会是关中地区下层人民中特有的一种侠义组织。其成员通常携带一种临潼关山镇（关山镇今属阎良区）制造的“关山刀子”，刀长约三尺宽不到两寸，形制特别，极为锋利，故群众称之为刀客。

关中刀客

追溯关中刀客的渊源，有的学者认为可以上溯到先秦时期。自秦统一六国，天下豪杰多聚于咸阳，关中地区始有游侠之风，历代相因，流为风气，遍于三秦，尤多在关中渭河两岸。关中刀客产生于清咸丰初年，没有固定的组织形式，也缺乏严密的纪律，只有一个类似首领的人物，大家都称之为某某哥，在他之下的众人皆称兄弟，围绕首领活动。刀客有所属的各个大小不同的集团，各集团往往划地自封。其分布的区域，以潼关以西、西安以东沿渭河两岸较多，渭北则数量更多。刀客有反抗反动统治阶级的精神，也有打抱不平、拔刀相助的义气。他们不畏强权，抑强扶弱，视死如归。辛亥革命时，大批的刀客参加革命，不少成员接受同盟会领导，多次参加武装起义，走向历史舞台，侠肝义胆，为革命抛头颅、洒热血，成为陕西光复的重要力量。

关山的刀客为什么多？用一句话说就是官逼民反，社会压迫太重。从晚清时期开始此地就战乱不断，清朝同治年间的回民起义，捻军活动，继辛亥革命后，又开始了军阀混战。从民国五年到民国十五年，关山长期作为靖国军的据点，战乱不断，加上当时军队纪律很差，常抢劫百姓，导致城市萧条，民生凋敝，四野荒芜。因此可以说，清代末年关中地区刀客数量突然增多，与当时统治阶级的严酷压迫和民众生活的极度贫困息息相关。再者就与关山镇重要的地理位置不可分割，由于以前的关山镇城池坚固，历来是兵家必争之地，多战乱，民间尚武之风较盛。同时关山镇还位于一条交通要道之上，直到 1936 年陇海路通车前，这条道路一直是渭北地区的交通要道，交通繁忙，商旅不绝，士农绅商云集此地。而刀客所从事的行业与商业和交通有着密切的关系，所以刀客最初会形成于以关山为中心的蒲、富、临、渭四县交会处。

关中刀客主要是从事一些临时性的行业，有的去做盐客，在富平与蒲城比邻的盐滩地区，以贩盐为生。还有做镖客的，主要是护送商旅，防路遇盗劫，通称保镖，主要在茶行和水烟行。正是关中地区重要的交通位置和悠久的商业传统，使得这些刀客从事和商业有关的盐客和镖客作为生计。

历史像沙子一样沉淀，时间的河流却时常掀起波澜，让逝去的人和事再一次浮现。如今的关中平原，那种兵荒马乱的岁月早已一去不复返，刀客已经成为遥远的历史。就像经历了百余年时间洗涤的关山刀一样，刀客的传说和故事也会慢慢生锈，失去原来的面目。然而刀客的信与义，却融入关中的民风，就像数千年汩汩流淌的渭河水一样，无声地滋养着关中平原这一方厚重的土地。

第六章　秦川

第一节　八水绕长安

君未睹夫巨丽也，独不闻天子之上林乎？
左苍梧，右西极。丹水更其南，紫渊径其北。
终始灞浐，出入泾渭；丰镐潦潏，纡余委蛇，经营乎其内。
荡荡乎八川分流，相背而异态。

——节选自《上林赋》

汉赋大家司马相如笔下的上林苑给人以气势恢宏之感。《上林赋》中“荡荡乎八川分流”，也足以让人感受到长安城周边“八川”磅礴的气势，描绘的是渭、泾、沣、涝、潏、滈、浐、灞这八条河流，这也是有关长安八水最早的记载，渐而有了“八水绕长安”之美誉。现在我们所说的“八水绕长安”的“八水”是指：西安城东的灞河、浐河，城西的沣河、涝河，城南的潏

八水绕长安

河、滈河，城北的渭河、泾河。这八水中，仅渭水为主流，其他皆是渭水的支流。成书于北魏的中国古代地理名著《水经注》卷十七《渭水》记载：“渭水出首阳县首阳山渭首亭南谷山，在鸟鼠山西北，此县有高城岭，岭上有城号渭源城，谓水出焉。”渭水出山后在甘肃境内行水，向东流经陕西省汇入黄河。泾水则是渭水的最大支流，发源于六盘山东麓宁夏回族自治区之泾源县，于高陵区蒋王村汇入渭河左岸。霸、浐两水位于西安东面，沣、滈、潏河、涝四水入渭处皆位于西安之西。

1. 渭河

渭河是黄河的最大支流，发源于甘肃鸟鼠山，山下便是渭源县。渭水由渭源县东南流，经陇西、武山两县，再东流，经甘谷县和秦州区、麦积区，过陇山，进入陕西省，再经过渭滨区、陈仓区和岐山、眉县、扶风诸县，进入西安市区，经周至、鄠邑区，过西安城北，至临潼区东，出西安市区，过临渭区、华州区、华阴市三县，至潼关县入于黄河。渭水全长 818 千米，流域总面积达 134766 平方千米，年径流量 102 亿立方米。陕西境内的渭河支流主要有漆水河、清水河、石头河、黑河、涝峪河、沣河、灞河、石川河、泾河、北洛河、零河、湭河、赤水河等河流。渭河流域更是中华民族人文初祖轩辕黄帝和神农炎帝的起源地。黄帝与炎帝被视为中华民族的始祖，《国语·晋语》载："昔少典娶于有蟜氏，生黄帝、炎帝。黄帝以姬水成，炎帝以姜水成。成而异德，故黄帝为姬，炎帝为姜。二帝用师以相济也，异德之故也。"这是我们目前所能看到的最早记载炎帝、黄帝诞生地的史料。在汉唐时代有渭河三桥，唐代诗人李频留下的诗篇《东渭桥晚眺》，题目中的"东渭桥"即为渭河三桥之一。东渭桥遗址在 1981 年开始发掘，现存遗址长 548.8 米、宽 11 米，现为全国重点文物保护单位。2012 年开始发掘的渭桥遗址，至2015年7月已经发掘7座渭桥遗址。渭桥遗址是迄今所发现的最大的秦汉木梁柱桥梁遗址，也是现知同时期世界最大的木构桥梁。厨城门一号桥是最大的一座，据考古人员推测，它可能就是历史上有名的“中渭桥”，其南北长度在880米至1370米之间。渭河流域有着历史悠久的水利事业，在陕西境内的水利工程，除建于西汉武帝年间的龙首渠和秦汉时期的郑白渠外，规模较大的古代水利工程还有建于西汉年间的成国渠和漕渠等。关中沃野亦是渭水带给关中地区的恩赐。

渭桥遗址

2. 泾河

泾河是黄河的二级支流，也是渭河的最大支流，泾河由宁夏回族自治区泾源县向东流，越泾源县白面镇、园子乡、穿沙南峡，在柳家河坝入甘肃平凉市和泾川县而进入陕西省，再经陕西长武、彬县、永寿、淳化、礼泉、泾阳，进入西安市区，至高陵区入于渭水。它位于渭水之北，其他诸水皆在渭水之南。泾河全长 455 千米，流域总面积 45421 平方千米，年径流量 21.4 亿立方米。

泾河以驻地命名，历史悠久，东汉三国时即有关于此河的记载。泾河流域的历史贡献最主要的是周王朝的发迹和秦国在泾阳县兴建的郑国渠。周王朝发迹于豳（今陕西彬县），从公刘至周太王（古公亶文）十余代都在豳居住，后来，开发农业后受到戎狄的侵略，周太王由豳迁岐，才由泾河流域迁徙到渭河流域，定居岐山下的周原（今岐山，扶风县一带），传至文王，武王达到鼎盛时期。公元前 1066 年，武王伐纣，终于建立了西周王朝。周先祖居豳，其文治武功对伐纣统一中国奠定了基础。《诗经·豳风·七月》对农事活动做了生动的描写，说明当时西周农业在全国曾起先导作用。并且，历史把“重稼穑、殖五谷”称为豳风遗训，至今北京先农坛还保留着古建筑“诵豳堂”，颐和园内也有“豳风桥”，可见泾河农业对我国农业影响之深远。

秦始皇于公元前 246 年开始兴建郑国渠，用十年时间建成、渠道选在仲山（张家山）西麓谷口（今泾阳县王桥镇船头村），引泾水入渠，沿途接纳冶峪河、清水河、浊峪河、漆水、沮水等，东通洛河。渠成后，据《史记·河渠书》，“溉泽卤之地四万余顷，收皆亩一钟，于是关中为沃野，无凶年”，为秦始皇扫灭六国、完成统一大业和刘邦战胜项羽、建立西汉王朝提供了给养保证。郑国渠连同灵渠、都江堰，称秦代三大水利工程。之后汉代的白公渠、唐代的三白渠、宋代的丰利渠、元代的王御史渠、明代广惠渠和通济渠、清代的龙洞渠以及民国的泾惠渠都是因袭郑国渠的遗迹修建的,可见泾河农业对中国农业影响之深远。

泾河流域的文物古迹之多，久已驰名中外。1973 年在甘肃

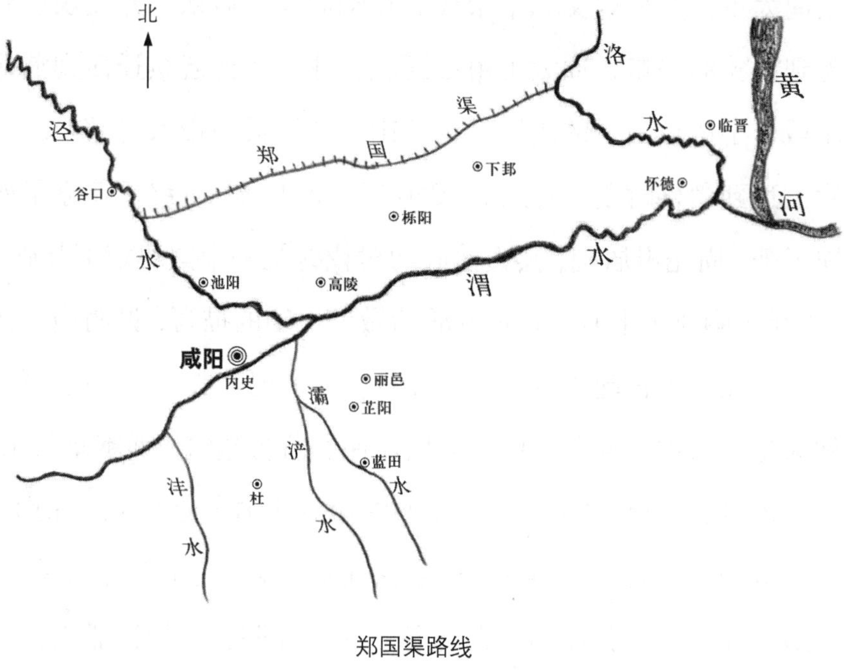

郑国渠路线

合水县西北 8 千米处莲河西岸发现个体最大、保存最完整的剑齿象化石，距今约有 250 万年。华池县城西南 45 千米赵家岔旧石器遗址，是世界公认我国最早发现的旧石器遗址。平凉市西崆峒山道院建筑、泾川县王母宫石窟和南石窟寺（东方洞），还有庆阳市西峰区南的北石窟寺等都是甘肃有名的古刹名寺。陕西长武县的唐代昭仁寺，大殿建筑别具一格，寺内有唐初大书法家虞世南的书刻石碑。彬县城西的大佛寺，是唐贞二年（公元 628 年）李世民为其母庆寿所造。大佛高达 24 米。水口镇有秦国苻坚的墓葬。此外，还有周部落姜嫄墓、公刘墓。礼泉县唐太宗的昭陵更是中外驰名，“昭陵六骏”石刻是举世皆知的瑰宝。在昭陵周围尚有魏徵、李靖、房玄龄、尉迟敬德等 157 座

彬县大佛寺

名臣武将、妃子公主的陪葬墓。泾阳县有郑国渠遗址、明代崇文塔和惠梁寺等名胜。

3. 沣河

又名沣水，又作邦水。为渭河一支流，位于陕西省中部偏南。沣河发源于西安市长安区沣峪，流至咸阳市汇入渭河，其干流长 82 千米，总流域面积 1460 平方千米。其主要支流有高冠河、太平河、潏河等。沣河绕西安之西。据载，大禹曾经治理过沣河，西周的丰、镐二京就建在沣河东西两岸。秦咸阳、汉长安位于沣河、渭河交汇处，汉、唐时的昆明池也是引沣河水形成的。沣河流域的灌溉工程主要有开凿于明代或更早的沣河渠、高梁渠、阎家古渠，还有约开凿于清代的三官渠、无名渠、暖泉渠等渠道，另还有修建于民国年间的沣惠渠等。流域内有不少的文化遗址，周代丰、镐两京即建在紧靠沣河东西两岸，秦阿房宫、汉、唐长安城离沣河亦不远，昆明池遗址在沣河东岸，还有位于咸阳市秦都区的沙河桥遗址。

4. 涝河

古称潦水，源头有两条，东涝河发源于静峪垴，西涝河发源于秦岭梁，两河交汇后北流，最后北经咸阳流入渭河。涝河全长 82 千米，总流域面积 663 平方千米，其主要支流有甘河、栗峪河、皂峪河、吕公河、界河。涝河绕西安之西。涝河初名“潦”，《诗经 · 泂酌》中有“泂酌彼行潦”，也就是这“远去挑水潦河边”的诗句，使涝河流域先民的勤劳英姿，跻身于我国第一部诗歌总集。

涝河中游的丈八寺发现仰韶文化半坡类型遗址，除发现石斧、石环、夹砂陶彩陶、细泥红陶外，更重要的是在这里发现距今 7000 年的碳化粳稻，标志着我们的祖先原始农业的发达程度，也成为我国当时粳稻向北分布达到北纬 35°黄河流域的实物见证。一经发现，即备受历史考古界瞩目关注。

历史上在涝河流域修筑过诸多的利民灌溉工程。早在元代，全真教栖云子于南宋淳祐二年末（公元 1247 年）组织千余民人开涝水灌溉农田，绵延 10 千米，使得当地“岁时丰登，了无旱干之患”。《开涝水记》碑中记载有“上下营磨凡数十，众集其居，农勤其务，辟荆榛之野为桑、麻之地，岁时丰登，无旱干之患”。此碑现藏于户县祖庵重阳宫。至明万历年间，因知县吕仲信将谭峪和阿姑泉水引至县之东关，又北折向西绕城入于涝河，也就成了我们今天熟知的“吕公河”。时间推移到民国，民国三十二年（公元 1943 年）开工至民国三十六（公元 1947 年）年完工，历时四年的涝惠渠建成。灌区灌溉田地达 4 万亩。

5. 潏河

潏河发源于西安市长安区秦岭北坡的大峪，是西安地区最负盛名的河流，古称泬水，原为渭河一级支流，后来改道后汇入沣河，成为渭河的二级支流。潏河在牛头寺附近分为两支，向北为皂河，向西则与滈河合流汇入沣河。河长 67.2 千米，流域面积 687 平方千米。潏河绕西安之南。其支流有小峪河、太峪河、滈河、金沙河等。

少陵塬上的华严寺

潏河两岸是少陵原和神禾原，少陵原又作少陵塬。在汉代，少陵原又被称作鸿固原，后来汉宣帝杜陵建于此，因而也称杜陵原。汉宣帝许皇后死后葬在杜陵之南，因陵墓较小，而被称为小陵，因为古代“少”“小”二字通用，所以就有了少陵原的叫法。又因为传说古代曾有凤栖于此处，凤栖原之名也就因之而来。总之，在历史上少陵原亦不乏美名。神禾原上有着一道亮丽的风景，那就是“何家村鼓乐社”，它是古长安古乐班社之一，所演奏的音乐因其独有的大气、庄重、高雅而有着中国古代交响乐和东方音乐活化石之美誉。在陕西省文化厅和各方面的努力和支持下，长安古乐陈列馆 1985 年在何家村落成，它更是我国第一家民间古乐陈列馆，馆内藏有珍贵的古乐谱和古代精美的乐器等物品。在潏河的尽头则是修建于唐代的香积寺，是佛教净土宗祖庭，为纪念高僧善导大师而修建，现为全国重点文物保护单位。唐代诗人王维的《过香积寺》，更使得香积寺闻名遐迩，“不知香积寺，数里入云峰。古木无人径，深山何处钟。泉声咽危石，日色冷青松。薄暮空潭曲，安禅制毒龙。”

6. 滈河

滈河，发源于西安市长安区的石砭峪，全长 46 千米，流域面积 292 平方千米。在北朝郦道元所著《水经注》水道图中叫“交水”，《长安志》水道图中称“福水”，宋人张礼所作《游城南记》中，始称滈河。滈河与潏河在香积寺汇合后向西，在户县秦渡镇附近注入沣河。滈河绕西安之南。关于滈河的发源地石砭峪。

7. 浐河

浐河是灞河的最大一级支流，是绕流长安八水之一。发源于秦岭北麓的蓝田县西南秦岭北坡汤峪镇，由汤峪河、岱峪河、库峪河三源组成，在出峪后约 3.5 千米处汇流并称浐河向北流去；流经西安市长安区、雁塔区、灞桥区和未央区，在西安浐灞生态区新筑街道附近汇入灞河。浐河全长 64 千米，全流域面积 760 平方千米。绕西安之东。两岸阶地完整，注入灞河。左为少陵原，右为白鹿原。二十世纪七八十年代，对浐河堤岸进行了修整。浐河上还有诸多的灌溉工程，如和平渠、幸福渠、东水西调干渠以及马兴截渗引水工程，其支流库峪河上建有东沟水库。唐代诗人的不少诗篇中都有对浐河的描述，骆宾王诗《畴昔篇》中写道："我住青门外，家临素浐滨。"杜甫诗篇《苦雨奉寄陇西公兼呈王徵士》写道："悄悄素浐路，迢迢天汉东。"唐后期的韩琮诗篇《暮春浐水送别》："绿暗红稀出凤城，暮云楼阁古今情。行人莫听宫前水，流尽年光是此声。"

8. 灞河

灞河其原名为滋水，灞河发源于蓝田县灞源镇，全长 109 千米，流域面积 2563.7 平方千米，其支流有清河、辋峪河、白马河、白牛河、五里河、十里河水、华山沟水、沙河水等。引水工程有辋灞渠、跃进渠、蓝桥渠、普惠渠、团结渠、立新渠等。20世纪50年代起对灞河和辋川河进行过治理。

灞柳飞雪

春秋时秦穆公称霸西戎后改名霸水。后来在“霸”字旁加上三点水，称为灞水。秦汉时曾在灞河上架有木桥，名曰“灞桥”。灞水是关中交通要冲，连接着西安东边的各主要交通干线。灞水绕西安之东。据《西安府志》记载，灞桥两岸，筑堤五里，栽柳万株，游人肩摩毂击，为长安之壮观。每当春意盎然、春风扑面之际，柳絮漫天飞舞，烟雾蒙蒙，便成了长安灞桥一大景观。唐朝时在灞桥设有驿站，称“灞亭”，人们多在此处迎送宾客，依依话别，并折下枝头柳枝相赠。“柳”者，留也，久而久之，“灞桥折柳赠别”变成了一种特有的习俗。灞水、灞柳、灞亭，古往今来，无数文人墨客为之倾倒，生死离别、离愁别绪、诗情才气在这个地方表现得淋漓尽致。灞桥折柳赠别和关中八景之一的“灞柳风雪”也因为李白、杜甫、刘禹锡、孟郊、杨巨源、柳永、王粲、吴少微等诗人、名士的歌咏而流芳千古。2007 年西安成功申办世界园艺博览会，博览会的举办场地正是浐灞生态区。西安世园会于 2011 年 4 月至 10 月间在西安浐灞生态区举行，其主题是“天人长安 · 创意自然——城市与自然和谐共生”。

第二节　七十二峪

秦岭七十二峪均位于秦岭之北坡。峪口水系是平原大河的水的来源地。流淌在关中平原的大多数的河流都是发源于秦岭，通过各大峪汇聚成河，滋润着关中的土地。72 条峪口是历史发展和人们不断认知的结果，这种术语来自中国文化。在自然地理上其实不仅 72 条峪，据考证应该在 150 余条。这些地区具有丰富的历史、地理、宗教、人文内涵，是被古人不断涉足和充分开发的地区。在历史上，帝王将相将这里作为避暑狩猎的最佳选择地，文人墨客把这里作为寻幽咏怀之地，僧侣隐士把这里作为修身养性之所，逃犯也把这里作为避难存身之家，正是秦岭北坡优美的自然环境给这里带来了丰厚的文化底蕴，让它与中国古代的历史紧密相连，能窥见帝王将相的风采，更能感受到众生百态。

目前陕西省境内的秦岭七十二峪分布于：渭南市潼关、华阴、华州区、临渭区，西安市蓝田、长安区、鄠邑区、周至，宝鸡市眉县。现将七十二峪列举如下：潼关县 7 个（西峪、桐峪、善车峪、太公峪、麻峪、蒿岔峪、潼峪），华阴市 9 个（蒲峪、杜峪、黄甫峪、仙峪、翁峪、竹峪、大敷峪、柳峪、葱峪），华州区 6 个（沟峪、小夫峪、石堤峪、桥峪、东涧峪、西涧峪），临渭区 2 个（箭峪、黄峪），蓝田县 6 个（清峪、道沟峪、辋峪、岱峪、小洋峪、东汤峪、），长安区 17 个（库峪、扯袍峪、大峪、白道峪、小峪、土门峪、蛟峪、太乙峪、石砭峪、天子峪、抱龙峪、子午峪、白石峪、皇峪、沣峪、祥峪、高冠峪），鄠邑区 11 个（紫阁峪、太平峪、鸽勃峪、乌桑峪、黄柏峪、化羊峪、曲峪、涝峪、栗峪、潭峪、甘峪），周至县 7 个（耿峪、赤峪、田峪、就峪、黑峪、西骆峪、竹峪），眉县 6 个（泥峪、西汤峪、滑峪、小黑峪、大黑峪、斜峪），陈仓区 1 个（晁峪）。

大多数流淌在关中平原上的河流都发源于秦岭山脉的各峪。

河流从峪口下行，在肥沃的关中平原浑厚的黄土里渗透，迎合着平原的水流，接纳着来自各方的水声，融合汇通，形成了八水绕长安的丰饶，由此造就了千古帝都的繁华荣耀。正是这些水流，日日滋养着秦岭山区的草木鸟兽和各族人民。

介于南北分界线的秦岭使得关中盆地气候温暖少风，高大的终南山阻隔了北来气流的南行，使之顺渭河谷地沿东西向流动，所以有着“长安自古西风雨”的说法，形成有别于其他地区的自然现象。另有“八水绕长安”的自然景观，这八水指的是渭、泾、沣、涝、潏、滈、浐、灞八条河流。除泾、渭二水外，其余六条河流皆发源于秦岭。历史时期这六条河流是渭河以南农田水利的基本水源，现在是关中城市供水的基本水源。六条河流中，其中，沣河，发源于长安区沣峪，流至咸阳汇入渭河。据载，大禹曾经治理过沣河，西周的丰、镐二京就建在沣河东西两岸。汉、唐时的昆明池也是引沣河水形成的。涝河，古称潦水，源头有两条，东涝河发源于静峪，西涝河发源于秦岭梁，两河交汇后北经咸阳流入渭河。潏河发源于长安区秦岭北坡的大峪，在牛头寺附近分为两支，向北为皂河，向西则与滈河合流汇入沣河。金沙河，源于白石峪，全长 15.3 千米，其中山区 3.8 千米，出峪后称金沙河，流向西北，流经、滦镇街道、五星街道，于五星街道晓阳村东汇入潏河。皂峪河位于涝峪口以东站马村东，源出皂峪沟，沟长6千米，集水面积8平方千米，年径流量260万立方米，出山后北流经全夏堡中间，潘家堡之东，折向西北流，在摇西堡西南投入涝河。滈河发源于长安区石砭峪，与潏河在香积寺汇合后向西，在鄠邑区秦渡镇附近注入沣河。浐河发源于蓝田县汤峪，流经西安东郊注入灞河。灞河发源于蓝田县灞源镇，据史载灞河原名滋水，春秋时秦穆公为了炫耀其霸业，改名为灞河。

秦岭人家

西汉史学家司马迁在《史记》中记载，“秦岭，天下之大阻也。”延绵不绝的山脉，扼制着南北交通。峪则为人们沟通南北交通的要道。历史时期人们开辟了许多著名的道路隘口，例如武关道、子午道、褒斜道、蓝天关、傥骆道、陈仓道、金牛道、米粮道等等。正是这些峪口交通的存在才使两地的经济文化得以交流和沟通。

1. 子午道

子午道，古称北方为子，南方为午，此道正对唐长安城中轴线，故名。子午峪古称子午谷，是西安市长安区子午街道境内的一条河谷，地处秦岭终南山段北麓。在汉、唐两代尤其发挥着重要的枢纽作用，沟通着自京城长安通往汉中、巴蜀及其他地方，是长安城通往南方的交通要道。

子午古道是历史上著名的交通要道，古时的“子午峪”是长安通往巴蜀地（或汉中）穿越秦岭的主要交通要道，同时也是我国古代重要的军事要道。自京师长安向南，进子午峪，在碾子坪处越过秦岭，到西乡县南边的子午镇，折向西经洋县城关镇到达汉中市，再向南穿过巴山，直抵四川绵阳涪城区。子午道由长安，通往汉中，现谷内至今仍存在着诸如栈道、摩崖石刻等古代遗存，皆是古道昔日繁荣的印记，有着珍贵的历史价值。秦汉时期，来自四川、汉中运往长安的物资，大多是取道子午道。秦二世三年（公元前 207 年），汉高祖刘邦于“鸿门宴”后，被迫由灞上去南郑继汉王位时，走的即是子午道。《史记·高祖本纪》记“从杜南入蚀中”。《史记集解》云：“蚀，入汉中谷道名。”杜，为秦之杜县，今西安市南的杜城。即由杜县之南进入秦岭前往汉中。东汉的摩崖石刻《石门颂》记“高祖受命，兴于汉中，道由子午”，即刘邦南去汉中当时走的是子午道。《水经注·沔水》亦把张良护送刘邦去汉中途中烧绝的栈道指为池水上源子午道上的“莼阁”。至唐代，对子午道的利用更是频繁，也进行了修整，行者日益增多。唐诗中有不少诗篇就提到了子午道，诗人杨凝的《送客人蜀》中云：“剑阁迢迢梦想间，行人归路绕梁山。明朝骑马摇鞭去，秋雨槐花子午关。”子午道更为大众所知另一个名字是“荔枝道”，唐玄宗时期因杨贵妃爱吃荔枝，玄宗便命人整修了从四川涪陵到长安的道路，快马传递荔枝到长安。此后每年都能见到“飞骑驰进，七日七夜

关中古道路、桥梁遗存图

至京，人马多毙于路，百姓苦之”的场景。唐代杜甫曾到此一游，并作诗描写子午谷景色和朋友修道的情形：“故人昔隐东蒙峰，已佩含景苍青龙。故人今居子午谷，独向阴崖结茅屋。屋前太古玄都坛，青石漠漠长风寒。子规夜啼山竹裂，王母昼下云旗翻。知君此计诚长往，芝草琅玕日应长。铁锁高垂不可攀，致身福地何萧爽。”

2. 傥骆道

傥骆道因北从周至骆峪进秦岭，南从洋县傥水河谷出到汉中，进出口各取地名中一字，故名傥骆道，全长 240 千米，是当年所有栈道中长安往汉中方向最近，也是长安去往巴蜀和西南地区的古道中最为便捷的一条线路，同时也是最险峻的一条古道。途中要翻越太白山周围的五六座分水岭，途经 15 条河流，峡谷地段较多，所经地至今人烟稀少、猛兽出没。史料记载，傥骆栈道 2.5 千米一邮，5 千米一亭，15 千米则设驿。这些凌空飞架的栈道蜿蜒于崇山峻岭之间，湍流绿波之上，时而一阁，时而一楼，时而一亭，是如何考究与华丽，又是多么雄奇壮美，今天我们很难想象。但通过古人诗词中的只言片语，我们还是可以窥得一貌。

据《三国志》中记载可知当时的傥骆道与军事行动密切相

关。三国时期，刘备在汉中建立对付曹魏的军事基地，征战进退，傥骆道则是其南北往来的重要道路。因这条道路山高谷深，人烟稀少，行程相对较短，且北指关中腹地，南抵汉中门户，便于藏兵、调兵和出奇兵，每到战争时期，古道上战事频繁，羽书飞驰。更为有趣的是，虽然汉刘秀起兵征战过程中与傥骆道关系并不密切，且在正史中未见相关记载，但傥骆道上，尤其在南段，大部分的历史传说与他相关，如马道梁上有三块呈“品”字形分布，有一人多高的大石块叫支锅石，相传是因刘秀行军至此支锅造饭而得名。到了唐代，国力强盛，经济繁荣，关中陕南物资转运激增，往来商贾更是络绎不绝，有关傥骆道的记载不绝于史书典籍。唐代是傥骆道通行条件最为完备、商旅往来最为频繁的时期，更有 15 千米一驿站、5 千米一邮亭之说。唐高祖武德七年（公元 624 年），朝廷征调民力整治疏通了傥骆道，在北口设置了骆谷关。整个唐代，傥骆道作为官驿大道，甚为通畅。公元 784 年唐德宗李适为了躲避朱泚兵变，正是经傥骆道逃难到达汉中。唐代以后，随着政治经济重心东移南迁，关中的经济地位出现动摇，不复往昔，这也使得关中通往河南、湖北的武关道以及关西通往四川的陈仓道的重要地位凸显出来，后傥骆道亦不再整修，逐渐衰落。

古栈道

3. 褒斜道、陈仓道

褒斜道，又名石牛道、金牛道，兴建始于殷周时期，亦是古时关中通往汉中、四川最著名的交通要道，也是中国最早在悬崖峭壁上开凿的道路。褒斜古道北起秦岭北坡的斜水（今眉县石头河），沿河谷和山势穿越整个秦岭后从汉中北郊的褒河而出。离开陕南古城汉中，沿褒水一直走到源头，只要越过这段褒水、斜水的分水岭五里坡，便可穿过秦岭，经周至、鄠邑区直达长安。褒斜道因沿褒水、斜水而行，两岸多悬崖峭壁，难以修筑道路，故架栈道以利通行。整个古道上为绝壁，下有滔滔不绝的褒水，修筑难度极大，但经过历代的修造，还是形成了规模宏大、规制整齐、建造精巧的栈道工程。沿着怪石丛立的褒河河谷，两边悬崖峭壁上遍布形状规则、大小不同的上、下两排方孔。大方孔为铺设栈道路面所用，小方孔则用来安放支撑路面的支架，形成了中国最为壮观的空中走廊。也许我们都很熟悉一个典故“明修栈道，暗度陈仓”。秦末楚汉战争时期，楚怀王和起义军约定：谁先攻进咸阳，就立谁为王。结果是刘邦首先进入物产丰饶的关中，然而刘邦却仅被封为“汉王”，封地在巴蜀、汉中一带，这些地方又恰恰将刘邦支配到了偏远地带，项羽则自封为“西楚霸王”。后刘邦在入汉中之时，烧毁了沟通巴蜀与汉中的交通要道，到公元前 206 年，刘邦依张良之计，派了几百人开始修复原先被烧毁的栈道，掩人耳目，实则另一面同韩信一道率领大队人马由小路袭击陈仓，最后一举定三秦。“明修栈道，暗度陈仓”的典故由此而来。

陈仓道，其又名古道，也称北栈、秦栈。北起渭河畔宝鸡（古名陈仓），沿清姜河南行，过了二里关后，是著名的军事要塞大散关，它是川陕咽喉之地，为历代兵家必争之地，它曾是关中去汉中和四川的主要通道。越秦岭沿故道水（今嘉陵江上游），到达凤县，途中驿站或店铺有：石家营、益门镇、大湾、杨家湾、二里关、关岭、观音台、半坡铺、煎茶坪、东河桥、

暗度陈仓

五里铺、石窑铺、黄牛铺、北星、长桥、红花铺、草凉驿、白家店、王家台、柳树湾、凤县等20处，此段沿线有宝成铁路及212 省道。由凤县再折向东南到达留坝，途中驿站店铺有：凤岭、心红铺、三岔、废丘关、榆林铺、南星、松林驿、高桥铺、柴关铺、桃园铺、乱石铺、小留坝、留坝县等13处。陈仓地段的历史事迹有：三国蜀汉建兴年间，诸葛亮出散关围攻陈仓；宋、金沿陈仓北段常有战争；宋诗人陆游在陈仓曾参加过抗金。

4. 华山峪

华山峪，这是华山的中心峪谷，南起青柯坪，北至玉泉院，全长约 10 千米，沿途包含王猛台、五里关、希夷峡、石门、莎萝坪、毛女洞、云门、青柯坪等系列景点。峪道多弯曲，宽窄变化较大，两侧峻峰林立，壑奇崖秀，林草繁盛。主峰矗立其南，涧水穿行其中，是华山景区各峪谷中景观最多、分布密度最大的峪谷。历代名人不仅留下了大量的诗文记赋、墨宝丹珠，还流传着他们在华山活动的踪迹和趣事逸闻，人文景观不断增多。这就是使华山峪传衍年久，甚至成了华山景区的代名词，更让人产生无限向往之情。

5. 仙峪

仙峪，又名车厢谷，在华山峪西，与华山峪仅一岭之隔，传说古时黄初平、黄初起弟兄在此牧羊成仙，因而得名。仙峪深 25 千米余，峪道窄狭清幽，山路崎岖蜿蜒，河流湍急，山石险峻，多处路段凿崖加栈凌空通过。进峪 2.5 千米处，有斜岭横阻，令人有谷尽路绝之感，然越岭横度，又平添柳暗花明的情趣。斜岭南，地势渐次开阔平缓，峪道两边花木繁茂，绿草如茵，溪水汇而成潭，如一面明镜，台田层层叠摞似条条绿毡，

仙峪

有山民聚集成廓，男耕女织，日出而作，日落而息，犹如桃花源仙境。仙峪人文、自然景观数十余处，见于史籍记载的神话传说更是美丽动人。斜岭尽头有车厢潭，《水经注》号称其为天下第七水府。

斜岭东南为华山白羊峰，峰西侧崖下有羊公石室；斜岭北望，有猫头石、龟蛇锁车厢等奇石胜景，都形象生动，惟妙惟肖，令游人叹为观止。入峪经龙头沟、蛤蟆沟、石板沟行至与华山主峰平齐处，便进入白缺寺景区，此处地势较为开阔，东走三耳贫，可达三峰根；南经河北头可翻越秦岭进入洛南境域；西经东沟、门岔沟可通往瓮峪、华峪。白缺寺遗址在涧西峰腰悬崖下，旧有庙宇建筑，与山崖诸多石洞连为一体，依崖就势而构，非常巧妙，相传为千手佛还愿时所建。鼎盛时期，有僧近百名，每日供果累累，香烟缭绕，晨钟暮鼓，不绝如缕。由于香客众多，这里逐渐形成寺庙古会。遗憾的是庙宇建筑毁于一旦，钟鼓及所有物件被洗劫一空，如今仅有石洞犹存。但由于登寺小道被荒草、乱石闭塞，游人只能隔壑相望。仙峪不仅自然风光如诗如画，而且矿产、药草等自然资源丰富。现已探明的矿产有金、铁、水晶石等。贵重药材有灵芝、何首乌等。由于仙峪河水丰美，幽潭连珠，被视为华山天然浴场。每至盛夏，进峪避暑、度假的游人络绎不绝，寻幽探胜者更是摩肩接踵。现在对仙峪风景景观进一步开发，向游人提供了更广阔的旅游景区，丰富游人的审美需求。由于仙峪无人工雕凿痕迹，自然景观秀丽熨帖，历代诗人画家多入峪吟诗作画，唐代人常建就有“入溪双峰峻，松栝疏幽风”句，画家们称仙峪为“养在深闺人未识的”美女，也称它为华山脚下的“维纳斯”。

6. 紫阁峪

紫阁峪位于西安市鄠邑区东南 25 千米的草堂镇境内，其东

敬德塔

有高冠峪，西有太平峪。因其内的紫阁山（峰）而得名。紫阁峪内有敬德塔，也是埋藏玄奘遗骸的地方，敬德塔始建于北周时期，后被毁，至宋天佑七年又重修敬德塔，现为全国重点文物保护单位。这里更是为历代文人骚客所钟爱，留下了诸如李白“紫阁连终南，青冥天倪色”、杜甫的“昆吾御宿自逶迤，紫阁峰阴入渼陂”、白居易的“晨游紫阁峰，暮宿山下村”、岑参的“东望紫阁云，半入紫阁松”等优美的诗句。

紫阁山原名紫盖山，古时为终南名山之首。它俊秀的山峰和优美的景色更是让后人流连忘返，成为文人骚客、学家道人游览佳地。紫阁山距离唐代长安城又近，吸引着许多佛道修行人士前往清修、隐居；峪内由诸多著名的景点，如张良洞、万花山、一线天、蟒头山、宝林寺、神仙泉、谷底潭、灯盏窝、跑马岭、无量洞、子房庄、仙人桥等。汉代张良隐居至此，北周时的法藏也在此修行，后有唐代许多高僧如道宣、楚金等都曾在此地修行。唐宋时期更是有诸多诗歌赞誉紫阁山，如李白、杜甫、韦应物、岑参、贾岛、张籍、白居易、邵谒、张蠙等人，宋朝有李騊、程颢、章敦等诸多诗作。李白《望终南山寄紫阁隐者》：“出门见南山，引领意无限。秀色难为名，苍翠日在眼。有时白云起，天际自舒卷。心中与之然，托兴每不浅。何当造幽人，灭迹栖绝巘。”“秀色难为名”一句更是传神的描绘出了紫阁山的秀美景色。

7. 皇峪（黄峪）

唐代皇帝在此建有翠微宫，为历史上著名的君王唐太宗李世民的临终之地，今此地有黄峪寺村。唐代以来不少诗人留下了描写黄峪寺翠微宫的诗篇。唐太宗李世民有《秋日翠微宫》：“秋日凝翠岭，凉吹肃离宫。荷疏一盖缺，树冷半帷空。侧阵移鸿影，圆花钉菊丛。摅怀俗尘外，高眺白云中。”李白的诗作《答长安崔少府叔封游终南翠微寺太宗皇帝金沙泉见寄》写道：“初登翠微宫，复憩金沙泉。践苔朝露滑，弄波夕月圆。饮彼石下流，结萝宿溪烟。鼎湖梦渌水，龙驾空茫然。”金沙泉今名为金沙河，向北流 5 千米出黄峪口。

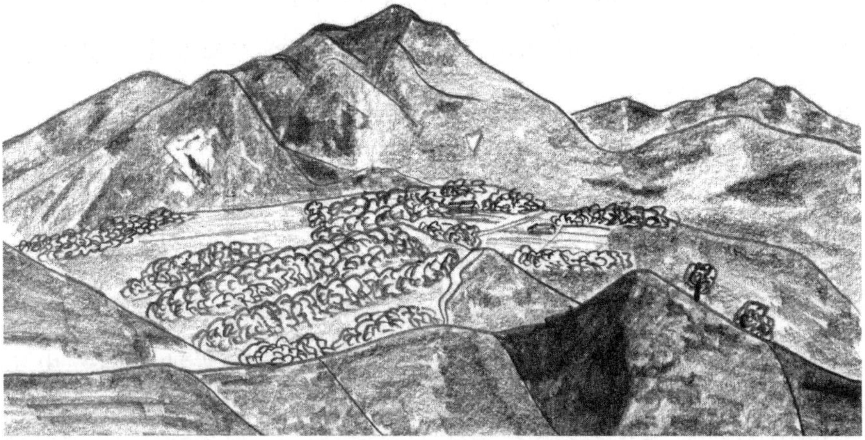

黄峪寺与翠北山

8. 瓮峪

瓮峪又名泓峪，在峪台西，因其峪口似瓮而得名。峪道绵延 20 千米，峪尽越岭可达华阳川，在历史上是去往洛南、商州的要道，官商均在此经行。瓮峪内有着优美的自然风景，草木茂盛，植被葱郁，水流不息，清澈见底。著名的明代地理学家徐霞客曾到过瓮峪，并在他的《游太华山日记》中高度评价了瓮峪的山光水色。游记内容如下：泓峪为华山西第三条峪道，两边山峰参天而起，峪道颇显狭窄。其间有河，奔流甚急。沿峪中小道前行，倏而东折，倏而西转，迎面峰岭犬牙交错，行走者似在牙隙，宛转若江上行舟。峪内又诸多人文景观，主要的有搭儿窝、走车崖、七仙龛、佛岔沟、公母山、和尚帽、药王洞、戏秋峡等景，而这八景当地人称其为“瓮峪八景”，另还有卧龙岭、谷雨泉、龙泉等景观。峪内还有庙宇，峪口和峪内曾有老爷庙、龙王庙，还有土地庙、瓦官庙等庙宇，现已不存。

第三节　关中水利

关中地区一度是中国古代政治、经济、文化的中心，也是我国历史时期人口重要的聚居区域。从历史上的气候综合分析来看，关中地区大多数时间处于半湿润气候区，区域降水季节和年际分布极为不平衡。水资源的重新分配是关中地区人民生活和农业生产所面临的一个重要问题。显然天然的河流是不能够满足众多的需求，无法养育那么多的人口，也远不能够满足区域农业和帝都城市用水的需求。关中地区其实是一个河谷盆地，地貌单元也相对复杂，由平原、台地、固堤、山地这些地貌构成，它的南面是秦岭山脉，背面是北山山系。司马迁《史记·货殖列传》记载：“关中自汧、雍，东至河华。”而在广阔的平原农业区域，则以灌溉水渠的修建为主，解决耕地粮食产量问题，以使得水资源能够更好地分配利用。

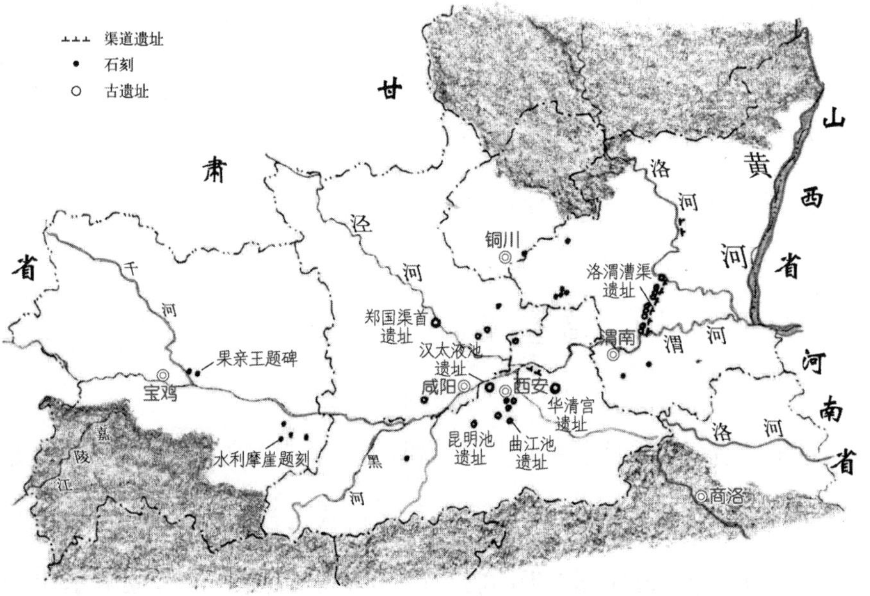

关中水利遗存图

关中地区水利发展史，可以从西周时期的农田沟洫排水系统说起，西周时期黄河流域的自然环境相对较好，黄土土质疏松，在生产力还比较低下的阶段，这样的土壤环境更易于耕作，在平原地区仍然面临着排水不畅的问题，开沟洫则可以达到除水害的作用。自春秋战国时期起又有“郑国渠”“漕运明渠”“八水绕长安”，到近代的“泾惠渠”，至民国年间关中地区又有著名的“关中八惠”，再到新中国成立后所修建的宝鸡峡、冯家山、石头河等大大小小的水利工程，都凝聚着勤劳的关中人民治水、管水、用水的智慧。

渭河是黄河的最大支流，水量丰富，并在下游形成广大的关中平原。由于周秦汉唐的都城设在关中，故关中的水利建设历来受到重视，水利发达，在秦、汉、唐与近代四个时期都走在了中国水利发展的前列。

第一个时期是以郑国渠为代表的秦时期，这是中国第一个跨流域引水的淤灌工程。司马迁在《史记·河渠书》中是这样评价郑国渠的："于是关中为沃野，无凶年，秦以富强，卒并诸侯。"韩国是秦国东面的邻国，为求生存，对秦国施以"疲秦"之计，消耗秦国实力。发展水利一事秦国本就乐而为之，于是采纳了韩国人郑国所提出的修建水利工程的建议，并立即征集大量的人力和物力，任命郑国主持兴建工程。后来韩国"疲秦"的计谋败露，秦王欲杀郑国。郑国说："始臣为间，然渠成亦秦之利也。臣为韩延数岁之命，而为秦建万世之功。"秦王也认识到渠成后可预见的利处，于是放弃了杀郑国的念头，让其继续施工。最终花费约 10 年的时间，约于公元前 236 年前后建成郑国渠，这个时间距离公元前 221 年秦始皇统一中国，大约有 15 年间，正值关键时刻，发挥了保证兵马给养和补充兵源的作用，也便利了关中地区的农业生产和生活。

第二个时期是汉唐时期，关中水利网的建立与水利类型的齐全。这一时期是关中水利继续发展的时期，汉唐王朝加大了对关中水利系统的完善和发展，以满足社会经济发展各方面的需求。

泾惠渠渠首

西汉定都长安，关中更是京师官吏、军队、百姓等以粮食为主的生活必需品的主要供给地。关中是汉朝的基本经济区，西汉极重视对关中的开发和经营，在继续维护郑国渠的基础上开辟新的灌溉工程，充分利用泾水、渭水和洛水经行灌溉。重视开拓西北边疆，关中则是其拓边的基地，肩负着供应物资的重任。因此，西汉时期，除开凿漕渠外，更是在关中新建灌溉工程，以扩大水灌溉农田面积，增加当地的粮食产量，特别是汉武帝在位期间（公元前 140 年—公元前 87 年）。在关中形成了一个史无前例的兴建水利的高潮，汉武帝在泾河流域于元鼎六年（公元前 111 年）和太始二年（公元前 95 年）分别开凿了六辅渠和白渠。《汉书 · 沟洫志》记载：“自郑国渠起，至元鼎六年，百三十六岁，而倪宽为左内史，奏请穿凿六辅渠，以益溉郑国旁高卬之田。”太始二年，赵中大夫白公的引泾灌田的意见为汉武帝所采纳，白渠首起谷口，尾入栎阳，注入渭河，灌溉田地达 4500 余顷。

汉代在渭河流域的灌溉工程主要是成国渠和漕渠。成国渠

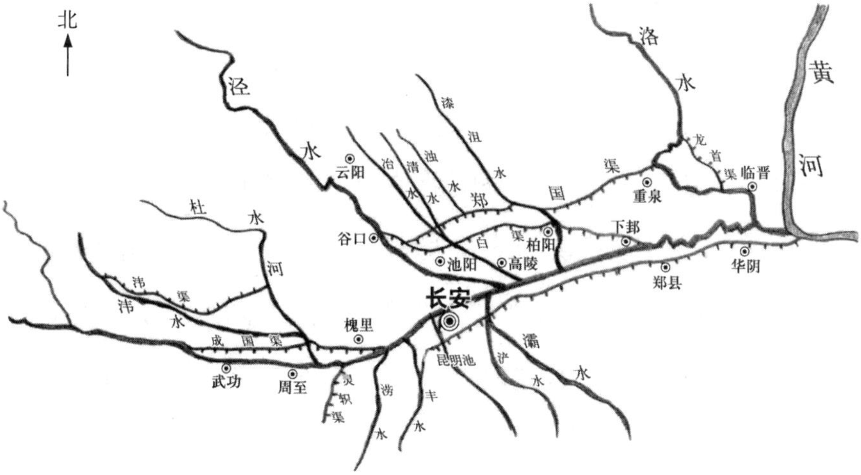

成国渠和白渠

起自眉县，引渭水经扶风、武功、兴平、咸阳复入渭，全长121千米，灌溉今眉县、扶风、武功、兴平等市县的农田。汉武帝元光六年（公元前129年），为了抗击匈奴，完成年输送百万石粮食的任务，大司农建议开凿漕渠。漕转关中，费用浩大，需时很长，动员人力很多，特别是漕船要经过黄河三门峡砥柱之险，粮食损耗很大。《史记·河渠书》记载：“令齐人水工徐伯表，悉发卒数万人穿漕渠，三岁而通”，历时三年修成了长达约150千米的漕渠，起于关中县境，引渭水东流，过秦岭北麓，至华阴流入黄河。漕渠是基本与渭河平行的人工运河漕渠，它的开凿使得潼关至长安的水路运输时间大量缩短，便利了物资的运输，两岸的农田也可收得灌溉之利。这项工程是汉代一项重要的水利工程。

龙首渠是汉武帝时期开凿的引洛水灌溉的工程，它是我国历史上第一条地下水渠。《史记·河渠书》载“庄熊罴言：临晋民愿穿洛以溉重泉以东万余顷故卤地。诚得水，可令亩十石”。汉武帝采纳建议后征集万余人员开渠，工程浩大，历时十余年才完工。《史记·河渠书》载:“凿井，深者四十余丈。往往为井，井下相通行水，水颓以绝商颜，东至山岭十余里间。井渠之生自此始。”

唐代也是关中水利工程兴建的高潮时期，政治上的稳定和

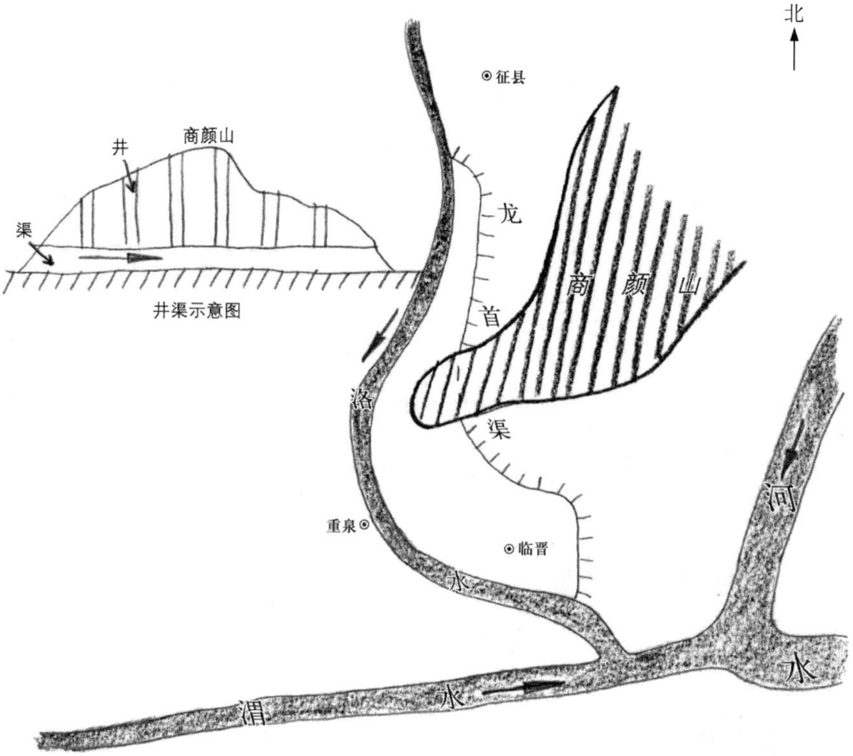

龙首渠井渠施工法

经济上的繁荣给水利建设的发展创造了有利条件，关中水利建设迅速发展，这一时期主要包括管理技术的创新与水能的利用。自唐太宗至唐懿宗，对成国渠进行过多次地修治、增修等一系列的改造和完善，丰富了过去的水量，灌溉面积远超此前的郑白渠。唐后期，成国渠更名为渭白渠。另外还有三白渠，并有三条干渠，分别是太白渠、中白渠和南白渠，是以白渠为主的渠系。

宋、元、明、清时期，随着政治中心东移，关中政治经济地位下降，大规模的水利建设也随之减少。宋乾德年间（公元963年—公元968年）仅对白渠稍加疏浚，大观年间（公元1107年—公元1110年）从仲山旁开凿石渠，连接白渠下游的故道，改名丰利渠。在元、明两代分别对丰利渠上另开新渠称为王御史渠和广惠渠。《侯可开渠纪略》记载："凡溉泾阳、礼泉、高陵、栎阳、云阳、三原、富平七县田三万五千九十三顷。"

李仪祉

第四个时期就是以近代“关中八惠”为代表，以此可谓关中水利现代化更是一度走在全国前列。“关中八惠”是民国时期水利专家李仪祉先生倡导修建的八个灌区，分别是泾、洛、渭、梅、沣、黑、泔、涝八条引水灌溉工程。李仪祉先生也成为我国从传统水利走向近代水利的开路人和我国现代水利科学技术的奠基者，他所提出的各大江大河（比如黄河、淮河）的规划方案不仅在当时广为瞩目，直至现在仍具有重要的借鉴意义。李仪祉带领他的水利队伍，先后建成了一批在全国处于领先地位的新式灌溉工程，其中最能代表陕西水利发展水平的，就是人们耳熟能详的“关中八惠”。

李仪祉在学业上一直是勤勤恳恳，成绩优异，曾在德国求学，学成后归国，潜心专攻水利科学技术，力图振兴祖国的水利事业。1922 年李仪祉回到陕西，担任陕西省水利局局长兼渭北水利局总工程师，开始积极筹划兴修水利的事宜，积极网罗人才，寻找各方的支持，并组织引泾灌溉工程勘测设计，至 1924 年完成两种设计方案，但因为各种原因，直到 1927 年也未能开工建设。后来李仪祉去往上海、四川等地任职。1929 年关中大旱，持续的严重旱灾使得关中平原赤地千里，饿殍载道，人相食，百姓流离失所，损失惨重，这次饥馑使人们想起了水利，也想起了李仪祉。1930 年杨虎城主政陕西，决定重振陕西的水利事业，并召回李仪祉任陕西省政府委员兼建设厅厅长，此前的引泾计划才得以实施。李仪祉回陕后开始积极奔走，同时还得到杨虎城、邵力子等陕西军政大员的倾力支持，陕西省政府筹款 40 万元，华洋义赈会筹款 40 万元，美国檀香山华侨募捐 15 万元，朱子桥先生捐助水泥 2 万袋，各方共筹集百万余元。引泾工程于 1930 年开工，分别于 1932 年和 1935 年完成两期工程，工程历时四年，大大扩大了灌溉范围，在当时可灌溉 43333 公顷。泾惠渠，引用泾水灌溉古郑白渠范围的泾阳、三原、高陵、醴泉、临潼诸县。泾惠渠的拦河引水坝利用了水泥这种现代建筑材料，是关中第一个现代化大型灌溉工程，其后到新中国成立，关中八惠基本建成通水，开创了关中现代水利建设的新格局。

1936 年眉县梅惠渠开工，1938 年 6 月竣工通水，灌地 2 万公顷。1937 年陕北米脂织女渠也相继开工。此外，李仪祉还亲赴陕南陕北考察，筹划了陕南汉惠渠、褒惠渠和陕北的定（无定河）惠渠。至 1938 年李仪祉逝世，泾渭洛梅四渠已初具规模，灌地 12 万公顷，初步实现了“郑白宏愿”。

1933 年，李仪祉命人勘测渭惠渠，1934 年完成设计，决定从眉县魏家堡筑坝引水，灌溉武功、兴平、咸阳等市县 4 万公顷农田。1935 年春开工，1936 年 12 月渠成通水，初灌 2 万公顷。梅惠渠，康熙六年（公元 1667 年）由眉县县令梅遇主持修建，故名“梅公渠”，引眉县石头河水灌溉，年久失修。1935 年动工修复，整修梅公渠，1939 年完成，改名为“梅惠渠”。至 1938 年李仪祉逝世，以上四渠基本建成，以下四渠都为其死后建设。沣惠渠，1942 年 10 月动工，1947 年 7 月建成，灌溉面积约 2000 公顷。黑惠渠，位于周至县，引渭河南岸支流黑水灌溉农田 5333 公顷。1940 年动工，1942 年完成。泔惠渠，位于醴泉县东北。1943 年兴修，1944 年完成。引泾水支流泔水灌溉农田 1667 公顷。涝惠渠，位于鄠邑区。1943 年开工，1947 年建成。引渭水支流涝水灌溉农田 5667 公顷。

秦郑国渠开创的引泾水利工程历史悠久，规模宏大，中间基本没有间断地发展下来。从秦（郑国渠）、汉（郑渠、六辅渠、白渠）、经唐（三白渠）、宋（丰利渠）、明（广惠渠）、清（龙洞渠），直到近现代的泾惠渠，基本是一脉相承，始终为关中平原也可以说是中国北方最重要的灌溉系统，惠泽大众。

秦、汉、唐时期，关中地区是国家的政治、经济、文化中心，长安城更是国际性的大都市。关中地区的水利事业的发展更是甚为繁荣，为关中地区的农田水利灌溉和物资运输带来了极大的便利。关中为京畿重地，人口众多，对粮食的稳定供给也有很大的要求。汉唐时期，关中兴起农田水利兴修的高潮。

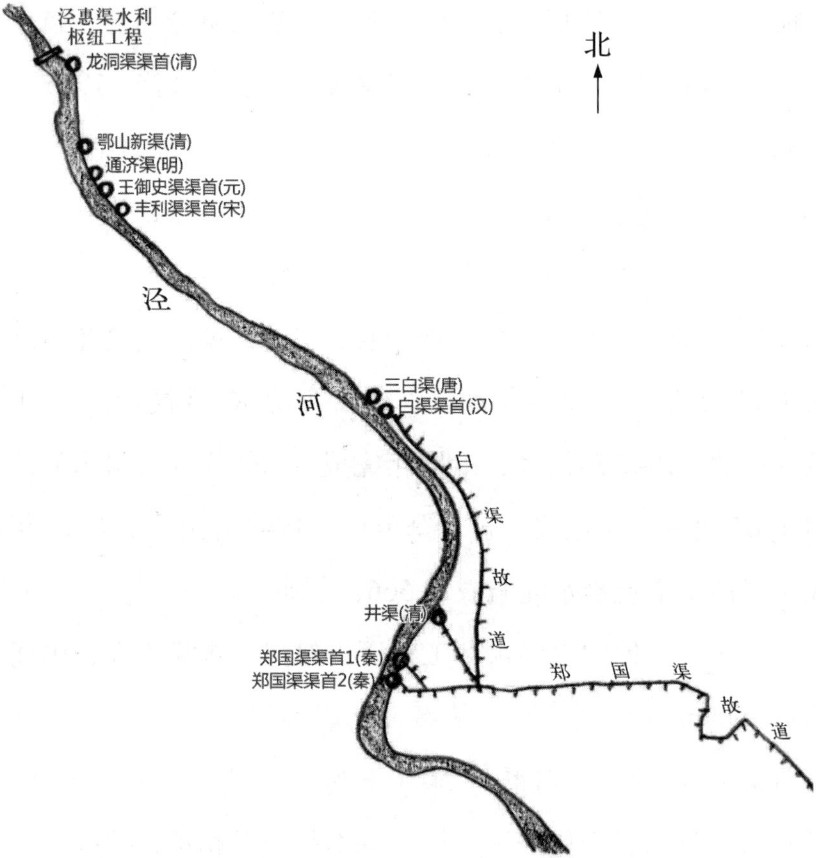

历代引泾水利工程渠首位置

唐以后，全国政治中心东移，关中社会经济地位不断衰落，农田水利建设也再未能有大规模的建设和兴修。关中农田水利在宋元明清时代也出现了一些新的特点，即中小型引水灌溉工程的兴修与井灌的发展。至民国年间有了李仪祉倡议并部分主持过的“关中八惠”，再次惠泽关中农田，为农业生产提供优越条件。

后 记

我并非陕西人，2009年从复旦大学历史地理所毕业后，告别了生活27年的上海来到了西安，在关中已经七年有余。对于我这样的移民后代而言，哪里都不是故乡，但哪里都是故乡。来陕西师范大学工作对我而言就是个意外，不过这个意外也让我体会了很多美好。

在来关中之前，我对陕西的印象是很模糊的，只有兵马俑似乎还比较完整，其他则是一概不知。自己也没想过有一天会写一本关于关中平原的书。我对于关中地区的认识其实开始于自己的第一个独立的研究课题，2009年开始的“近300年渭河下游河道变迁”使我能够真正走出陕西师范大学的校园，去体会和观察这片古老又精彩的土地。之后的研究也就越来越贴近陕西，贴近关中，在关中跑的地方也越来越多，从宝鸡到潼关，几乎每个县都曾去过。作为一个外乡人，看待关中地区的视角可能有所不同，但对关中的理解，这种不同的视角未必不是一件好事，“不识庐山真面目，只缘身在此山中”。关中地区的特点对于我这个从上海过来的人而言，这里的古老和上海的年轻，这里的厚重和上海的喧嚣，这里的质朴和上海的繁华，这里的内敛和上海的开放，等等对比，让我有了对关中环境和特点的全新认识，特别是对关中的人文有了对比之后的体会，我更加喜爱这片土地了，因为这里的人与物，因为这里的山与水。很多人都觉得很奇怪，为什么会选择在西安而不是像很多我的同学那样，在上海或者沪宁杭一带找个工作，娶妻生子，买房买车，按部就班地评职称。好吧，我只能说这真的不是所有人的理想，至少不是我的，关中地区的美好真的需要静下心来去体会，去感受，要你一步一步走进这个世界，你才能感受到这里的魅力。

这本书的构思就是想把我这么多年在西安生活工作的体会写出来，当然，本人才疏学浅，还不能完全理解关中历史的厚重和博大，但还是希望这本书能被大家喜欢，特别是对关中地区感兴趣的读者朋友。这本书既是对关中人文的介绍，也是一个外乡人对关中大地的感受。

2016年10月28日于陕西师大雁塔校区